VIVRE LIBRE

LOUBNA MÉLIANE

VIVRE LIBRE

Avec la collaboration de Marie-Thérèse Cuny

OH ! EDITIONS

ISBN 2-266-14199-6

Militer pour avancer

J'ai dix ans, je suis en primaire, et le soir, chez moi, je m'endors devant une version des *Dix Commandements* que mon père a affichée sur le mur de ma chambre. J'ai adoré le film — et toute l'histoire de la Bible —, j'ai dû le voir avec papa plus de dix fois ! Au bout de la dixième fois, et pour consolider mon éducation, il a adapté ces *Dix Commandements* à mon usage personnel, et les a mis bien en vue sur le mur pour que mon petit frère en profite aussi.

Mon père est un fanatique de la bonne éducation, il prend toujours le temps de nous parler, de nous expliquer les choses de la vie et de nous rentrer dans la tête ce qui est bien ou mal.

« Tu diras la vérité quoi qu'il arrive, tu ne voleras pas — qui vole un œuf, vole un bœuf —, tu ne diras pas de mal de ton voisin. » Et aussi : « Tu ne dois pas faire pipi au lit, tu dois ranger ta chambre… » C'est une excellente méthode : impossible de s'endormir ou de se réveiller sans qu'un commandement n'accompagne la nuit ou la journée.

À l'école, dès qu'il y a un vol, je deviens toute rouge tellement j'ai peur d'être accusée, et plus je suis rouge plus les autres croient que c'est moi. Avant les *Dix Commandements*, j'ai fait des bêtises, comme toutes les gamines de mon âge. Il m'est arrivé de voler des bonbons à la boulangerie, un ou deux francs dans la poche de mon père… Quel enfant ne l'a pas fait ? Évidemment, un jour, j'ai dépassé les bornes, j'ai pris dix francs pour acheter des bonbons, et dix francs dans le budget de papa, c'était énorme ! Comme il compte toutes les pièces de sa poche… je me suis fait prendre, j'ai avoué, et il m'a gratifiée d'une raclée qui m'a ôté définitivement l'envie de recommencer.

Ne pas mentir, respecter les autres, être sincère, j'ai grandi, avec mon jeune frère, dans ces principes quotidiennement répétés. Je suppose que tous les parents l'ont fait avec leurs enfants, espérant au bout du compte obtenir des adolescents sinon parfaits, du moins ni menteurs, ni voleurs, ni trop rebelles à la société dans laquelle ils grandissent.

Papa disait toujours : « Ne vous faites pas remarquer, travaillez plus que les autres. C'est à vous de faire des efforts pour vous intégrer. »

Il a gardé le sentiment que nous devions comme lui faire « profil bas ».

Silence dans les rangs : les enfants «rebeus» s'intègrent...

Je n'aime pas ce mot d'intégration. S'intégrer à quoi ? Je suis française ! Intégrée d'avance à la naissance, quel besoin aurais-je de me justifier ? Je n'ai compris l'insistance de mon père qu'à l'adolescence, comme toutes les filles du quartier. Faire profil bas et s'intégrer, cela voulait dire en réalité ne pas se faire remarquer de notre entourage, raser les murs, conserver une «bonne réputation». Pour un garçon, «ne pas avoir de mauvaises fréquentations» et pour une fille, «garder sa virginité comme un trésor inestimable». Autrement dit, respecter la tradition du quartier, surveillés en permanence par le regard des autres, adultes ou jeunes, rebeus, blacks ou gaulois, sous peine d'être rapidement qualifié de délinquant ou, pour les filles, traitée de pute.

Le profil bas n'a pas marché avec mon frère, car les garçons sont bien plus difficiles à éduquer que les filles. Jusqu'à la classe de sixième ou cinquième, pas de problème : pour eux, tout commence en classe de quatrième. Ils sont toujours dans un état d'esprit de rébellion, ont besoin de s'affirmer, parfois violemment, en jouant les machos, en provoquant les filles et en les jugeant au moindre écart de comportement, y compris vestimentaire !

Les garçons, c'est le genre à porter des marques pour oublier que le père est chômeur, que la pauvreté guette à la porte avec l'huissier venu réclamer le loyer. Leur manière à eux de revendiquer une exclusion qu'ils entretiennent ainsi eux-mêmes.

Moi, je n'ai rien dit pendant très longtemps et, quand je me suis rebellée, je l'ai fait autrement. Pour beaucoup de filles, la rébellion passe par les études. Elles arrivent à quitter le quartier après le collège, puis à changer de ville. Celles qui parviennent à finir leurs études ailleurs — ce n'est pas le cas de toutes —, commencent alors à exister vraiment.

Les garçons, qui ont toujours eu la possibilité de faire ce qu'ils veulent, de sortir quand et comme ils le décident, de faire plein de choses interdites aux filles, réussissent moins bien à l'école. Mon frère a commencé à se rebeller, à choisir de mauvaises fréquentations au collège, alors qu'en primaire il était toujours le premier de la classe et que c'était plutôt moi la cancre ! Il a chuté d'un coup. Il séchait les cours, allait traîner avec ses potes dans les collines… Fumer des clopes et brûler des poubelles, c'était leur grand truc. Le désœuvrement, pas d'horaires pour rentrer, moins de surveillance, et rien à faire à la maison. Les filles, elles, sont obligées d'en faire beaucoup à la maison pour arriver à grappiller quelques petites permissions, et passent leur temps à ranger les poubelles, pas à les brûler. À l'adolescence, elles négocient des miettes de liberté : « J'ai fait le ménage, j'ai fait mes devoirs, tout va bien à l'école, donc je peux sortir de la maison pour retrouver les copines ? » Si la négociation est acceptée, ce qui n'est pas toujours le cas, elle est accompagnée d'un ultimatum : « Tu rentres à telle heure, sinon... »

Les frères n'ont pas besoin de négocier, leur virginité n'intéresse personne ! Et ils peuvent ainsi se laisser aller, dangereusement pour certains.

Quand les parents réalisent que l'éducation est plus compliquée pour un fils, il est souvent trop tard. Je me suis rendu compte que mon frère dérapait au collège mais je croyais que ce serait provisoire et ça ne m'inquiétait pas tellement. Il était doué, brillant depuis le CP. Le premier de la classe, c'était lui. Moi j'étais la peste, l'emmerdeuse de service. J'étais contestataire, je me faisais remarquer. Lui était très discret, extrêmement studieux, et il a changé du jour au lendemain, sans que mon père voie rien venir !

Encore aujourd'hui, chaque fois que je rencontre des jeunes ayant l'âge qu'il avait à l'époque, j'essaie de comprendre. Je pense qu'il n'y a pas que les mauvaises fréquentations. Vers quatorze ans, les garçons arrivent à l'âge où, tout en jouissant toujours de la même liberté, ils peuvent sortir du quartier. Et ils s'aperçoivent très vite que l'extérieur ne veut pas d'eux. Les filles n'ont pas ce problème : elles ne vont jamais à l'extérieur !

Mon père a de la religion une approche particulière, la bonne et la vraie à mon sens. Il n'a jamais conçu l'obligation pour ses enfants de devenir musulmans. À la maison, le ramadan n'a jamais été imposé. Je me souviens d'une année où il est tombé en plein été. J'étais toute jeune, douze ou treize ans — mon frère avait une dizaine d'années —, et je voulais absolument le faire, comme les autres, pour me sentir grandir ou être comme tout le monde. Autour de nous, dans le quartier, tout le monde le faisait, en parlait, y compris les enfants, avec l'idée de nous culpabiliser.

« Toi, tu fais pas le ramadan ? Et pourquoi tu ne le fais pas le ramadan ? T'as pas honte ? » Les enfants sont terribles entre eux. Mon père estimait que j'étais trop jeune mais j'en avais tellement envie qu'il a négocié avec moi. La première journée on ne jeûnerait que le matin, le lendemain, l'après-midi.

« T'as le droit de faire ça ?

— Bien sûr. Je prendrai du fil et une aiguille, et je coudrai les demi-journées pour vous en faire une journée de ramadan. »

En réalité on n'a pas le droit. Mais l'invention paternelle de « coudre une journée de ramadan » m'enchantait. C'était son approche de la religion.

Pour Noël il adaptait de la même façon, pour nous éviter le sentiment d'être différents des autres qui se moqueraient de nous. Au retour des vacances, tout le monde ne parlait que de ça : « Alors, qu'est-ce que tu as eu pour Noël ? T'as fait un sapin ? »

Nous, au moins, on pouvait répondre : « Moi,

j'ai eu ça et ça. » Et on faisait le sapin. J'ai mis ça en cause, plus tard, lorsque j'étais adolescente et victime des commentaires des autres comme toujours, mais cette fois en sens inverse : « Ah oui, vous faites Noël chez toi ? Mais c'est une fête catholique, il ne faut pas faire Noël ! C'est péché ! »

Je n'y comprenais plus rien.

« Papa, pourquoi on fête Noël alors que c'est pas notre fête ?

— Parce que ce n'est plus vraiment une fête religieuse, mais une fête familiale. C'est l'occasion de se retrouver et de faire un grand repas. C'est comme l'Achoura, chez nous, au mois d'août : une fête non religieuse destinée aux enfants, où on leur offre des cadeaux et des bonbons. Ici c'est en décembre, autant le faire en même temps que les autres ! »

Et il avait encore réussi à adapter. Un jour, plus grande, j'ai décidé de faire ramadan complètement. Je n'ai aucun souvenir que mon père m'y ait forcée, mais j'étais en cinquième avec d'autres filles musulmanes, et surtout j'étais pubère — condition première de respect du jeûne pour une fille. (Pour le garçon, la règle est d'avoir une voix d'homme, donc d'avoir mué.) J'ai donc décidé de faire comme les copines, pour ne pas être exclue, pour ne pas subir de réflexions sournoises. Pourtant, je ne mangeais pas à la cantine à l'époque, je ne connaissais pas le problème, récurrent pour certains, de l'opposition entre le principal et les élèves. Au collège, le principal se battait pour que les enfants mangent, il considérait qu'ils étaient trop jeunes pour jeûner toute une journée. Il s'est beaucoup battu mais a dû baisser les bras, il y avait trop de pression de la part des enfants et des familles.

Cette année-là, le ramadan tombe en plein été, donc pas de problème scolaire. J'ai quatorze ans, je décide de suivre la règle. Et je craque. Je suis en train de faire la vaisselle en fin d'après-midi, il fait chaud, et j'avale un verre d'eau. Et mon père arrive à ce moment-là.

« Tu vois, je t'avais dit que ça ne servait à rien ! Il y a une chose que je ne supporte pas, c'est qu'on mente ! Je ne t'ai jamais obligée à faire quoi que ce soit, je préfère que tu ne fasses pas de ramadan si tu n'as pas envie de le faire, ou si tu ne peux pas le faire ! Arrête ! »

Mais j'ai continué, obstinée, et probablement vexée de m'être fait surprendre. En France, je connais beaucoup de gens qui prétendent respecter le ramadan et qui en réalité ne le font pas. Uniquement pour faire semblant d'être comme tout le monde.

C'est dur de faire le ramadan en France. Dans un pays où tout le monde le respecte, c'est peut-être plus facile, mais quand on est quasiment seul et que l'on côtoie toute la journée des gens qui mangent, des vitrines pleines de victuailles, c'est épuisant ! Et on ne va quand même pas leur dire de jeûner aussi ou de cacher les vitrines ! Depuis quelques années je ne le fais plus parce que je ne peux pas tenir, j'ai une vie militante trop intense, et aucune envie de tomber dans les pommes, ce qui m'arrive chaque fois que j'essaie.

Je n'ai jamais fait régulièrement la prière. Mon père et mon frère non plus. Mon père la fait pendant le ramadan, parce qu'il en ressent la nécessité. Il fait son ramadan tranquille, et sa prière chez lui. Jamais il n'est allé à la mosquée du quartier. Je ne lui ai jamais demandé pourquoi, mais je pense que pour lui c'est quelque chose de personnel. Il nous a toujours dit que la religion est une affaire entre Dieu et soi et que personne ne doit s'immiscer dans sa foi. Si l'on a besoin de s'adresser à Dieu, on peut très bien le faire chez soi, avec son petit tapis de prière. Nul n'a besoin de prouver aux autres qu'il est un bon musulman en se promenant dans le quartier en gandoura ou en affichant sa présence à la mosquée. La religion doit pouvoir demeurer une liberté intime pour chacun.

Mon père est un véritable républicain au fond. Et je suis heureuse qu'il en soit ainsi.

Il porte la gandoura chez lui, quand il y a ramadan ; et lorsque je vivais encore à la maison, on se retrouvait tous ensemble, pour casser le jeûne au coucher du soleil. C'est un moment de convivialité entre parents et enfants. L'ambiance dans laquelle j'ai grandi fait que je n'ai pas le même rapport à la religion que certains jeunes. Je n'ai pas besoin de prouver ma foi, ni envie de le faire, je ne vois pas pourquoi je serais obligée de me justifier, et j'ai toujours considéré que ça se passait dans le cœur. Je crois en Dieu depuis le décès de ma mère. Une mort, un événement tragique rapproche de Dieu. J'ai rarement fait appel à Lui pour Lui dire « aide-moi », mais pour apaiser mes angoisses, ou mes souffrances.

Papa n'a jamais voulu m'inscrire à l'école coranique. Je pense qu'il s'est rendu compte que là-bas, on met n'importe quoi dans la tête des enfants. Le jour où je lui ai demandé pourquoi je n'y allais pas, il m'a dit : « Tu sais, je ne vais pas t'imposer la foi. C'est la foi qui va s'imposer à toi. Quand tu seras prête et que tu auras trouvé ta voie, pas de problème, je t'aiderai, mais il faut que tu te fasses ta propre opinion, que tu te renseignes, que tu choisisses. » Alors, j'ai regardé toutes les religions, j'ai lu la Bible, je me suis renseignée sur le bouddhisme ! J'avais une copine témoin de Jéhovah qui m'a donné leur Bible où leur Dieu ne s'appelle pas Jésus mais Jéhovah, et aussi des petites brochures que j'ai lues. Je suis même allée à une réunion. Les témoins de Jéhovah m'ont fait peur ! Il y avait à ce moment-là dans les médias un grand débat autour d'eux, beaucoup d'émissions de télévision et j'étais curieuse de comprendre si c'était une secte ou non. Je n'allais certainement pas y entrer, juste voir comment ils se comportaient. J'ai vu, et je me suis demandé dans quelle sorte de folie j'avais mis les pieds ! Entre eux, ils s'appelaient tous « frère » ou « sœur ». Un homme prêchait au début de la réunion, « bienvenue, frères et sœurs » et il citait les noms de tous les participants : « frère Machin », « sœur Truc ». Les filles portaient des jupes longues jusqu'aux genoux. Ils n'acceptaient pas les transfusions sanguines, ils n'avaient pas le droit de s'embrasser avant le mariage. On ne pouvait pas soigner leurs enfants comme les autres. Je me suis dit qu'ils étaient pires que les pires intégristes de tous bords. D'ailleurs, ma copine a fini par se sauver de chez elle, à dix-huit ans, tellement elle n'en pouvait plus, elle étouffait.

Quand il a su ce que j'avais fait, mon père a déchiré tous les bouquins des témoins de Jéhovah. « Mais tu es folle, c'est une secte. »

Il a eu tellement peur qu'il m'a dit : « D'accord, viens, je vais t'expliquer. » Et nous avons commencé à lire notre Coran, en français pour moi et en arabe pour lui. Les traductions n'étant pas toujours bien faites, nous débattions tous les deux de ce qu'on avait compris ou pas.

Mon père est formidable, j'ai toujours discuté de tout avec lui. Je n'ai pas baigné dans un état d'esprit raciste ou antisémite. Il est très ouvert, bien qu'attaché fortement aux traditions en ce qui concerne les filles. Je lui dis souvent : « Comme père je t'adore, mais comme mari je ne voudrais pas de toi ! »

Il a été, et il est toujours, un éducateur, un confident, un pote, un repère. Il est tout pour moi.

C'est avec lui que j'ai regardé les *Dix commandements*, jusqu'à connaître l'histoire de la Bible par cœur. Avec lui aussi que j'ai vu beaucoup de documentaires sur la Shoah. C'est encore lui qui m'a donné envie de comprendre ce qui s'est passé en France pendant la Seconde Guerre mondiale. J'ai même fait un concours d'exposés en troisième sur la Résistance, avec quelques filles de ma classe. Je suis allée voir une ancienne résistante pour l'interroger, comprendre ce qu'était la vie à l'époque. J'ai lu la biographie de Jean Moulin, et je suis devenue fan de Jean Moulin ! À chacun ses stars.

Et je me suis dit que je n'étais pas née à la bonne époque ! J'aurais voulu naître pendant la Seconde Guerre mondiale, être une révolutionnaire, une résistante. Ou vivre dans les années cinquante quand les Noirs se sont rebellés aux États-Unis.

Militer, contester les règles injustes est pour moi une manière d'avancer, et de ne pas passer ma vie à me regarder le nombril. Je porte comme d'autres, depuis l'enfance, des choses lourdes, mais je suis certaine que rester tourné vers le passé empêche d'avancer dans la vie. Faire avancer les autres me fait avancer moi aussi. J'ai toujours été comme ça. Je me suis toujours occupée des autres et très peu de moi. Dans la famille, lorsque mon père s'est remarié, c'est moi qui me suis occupée de mes petits frères et sœurs. Pendant des années, j'ai été derrière eux, une petite maman avant l'âge, faisant en plus le ménage, la vaisselle et la cuisine. Il est arrivé un moment où ma concentration au collège en a souffert. Mais j'étais la fille aînée, et de toute façon c'était dans ma nature.

De même, quand je milite, je ne pense pas à moi, mais à ceux qui arrivent derrière, la génération de mes petits frères et sœurs. Pour moi, les choses n'ont pas été simples, alors si je peux les changer pour eux… C'est plus facile de parler des autres que de soi-même, plus facile d'aider les autres que de s'aider soi-même. Et en même temps, les autres nous donnent de vraies leçons de vie en nous permettant de mieux nous accepter tel que l'on est, avec nos conflits intérieurs, nos échecs, nos réussites provisoires, nos rêves et nos cauchemars, nos enthousiasmes et nos déceptions.

Ce témoignage sur ma courte vie est essentiellement dédié à ma mère et à mon frère, disparus tous deux dans des conditions qui entretiennent encore ma colère. Et à mon père à qui je dois tout. Mon éducation et ma liberté d'expression.

moment [illegible] la [illegible]
[illegible] et la carrure. C'est [illegible] qu'on [illegible]
[illegible] exception au collège [illegible]. Mais
[illegible] la [illegible] dans
ma nature.

De [illegible] pas à
[illegible] à [illegible]
[illegible]. Pour eux, les
choses n'ont pas été simples [illegible]
[illegible] et pour eux... C'est plus [illegible]
autres que de [illegible]
[illegible] de [illegible] en même
[illegible] autres [illegible]
[illegible]
que [illegible]
[illegible]
[illegible]

[illegible]
[illegible]
[illegible]
[illegible]
[illegible]

Jamais je ne baisserai la tête !

Je suis née à Dijon, le 12 mars 1978, à l'hôpital du Bocage, pas très loin du centre-ville. Mes parents travaillaient dans une usine de moutarde et de cornichons, emploi quasiment incontournable pour des immigrés marocains dans cette région. En général, les Marocains s'installent plutôt à Paris ou dans le sud de la France. Dijon et sa moutarde pour mon père, c'est un hasard. Il était venu en vacances voir son frère, et comme il y avait du travail sur place, que ce travail était de toute façon mieux payé qu'au Maroc, il a décidé de rester. Il avait dix-neuf ans, et pendant ses premières vacances de retour au Maroc il est tombé amoureux de ma mère.

Maman avait environ seize ans, elle était belle, et ils étaient cousins germains. Mais dans cette grande famille, deux camps se côtoyaient. Le clan aisé, et celui qui ne l'était pas. Une mini-fracture sociale en quelque sorte ! Le clan maternel baignait plutôt dans la bourgeoisie et l'aisance. Au

Maroc, la classe moyenne n'existe pas, mais outre l'amour fou qu'il portait à maman, mon père avait aussi l'avantage de vivre en France et d'y travailler. Dans les années soixante-dix, c'était un espoir de réussite sociale. Les deux cousins se sont donc mariés et ma jolie maman s'est retrouvée en France, dans la banlieue de Dijon, dans un quartier HLM plutôt agréable dans son genre. Pas de très grandes tours mais des bâtiments de six étages à l'architecture encore humaine. Je n'ai vécu dans une grande tour de onze étages que très peu de temps, assez pour me rendre compte que la promiscuité et l'entassement d'une communauté sont les ferments de l'exclusion.

Ce qui rendait notre quartier sympathique, contrairement à d'autres, était la présence d'un petit lac aménagé où tout le monde se retrouvait l'été. Il y avait un camping et des touristes : une sorte de fenêtre sur le monde extérieur.

Les hommes qui vivaient là n'étaient pas tous ouvriers ou chômeurs. Le chômage, consenti ou non, était plutôt réservé aux femmes. Certaines faisaient des ménages dans les hôtels mais, pour la plupart, elles restaient à la maison. Ma mère a dû alterner entre grossesses, naissances et travail. Elle n'a pas attendu que j'entre à la maternelle pour retravailler. Lorsque je suis passée à l'école primaire, et malgré la naissance de mon frère, elle travaillait encore. Je pense que c'était pour elle une façon d'exister, de côtoyer du monde, de ne pas rester à la maison comme beaucoup d'autres femmes qui se contentaient, entre ménage et lessive, de faire venir les copines du quartier pour boire le thé et bavarder. Ce n'était pas son genre.

Son genre, je ne peux que l'imaginer puisqu'elle nous a quittés lorsque j'avais six ans et des petites poussières de bonheur. Que pouvait-elle penser de cette nouvelle vie d'ouvrière en Bourgogne, dans la France profonde, elle qui venait de Casablanca et de ses plages au soleil ?

Je n'ai pas beaucoup de souvenirs d'enfance. Et je ne sais pas si j'ai rêvé ou réellement vécu ces images de ma mère. L'une d'elles me revient souvent. C'est une image de kermesse, celle de l'école maternelle, et je dois avoir cinq ans. Je porte une robe de french cancan avec des volants partout, noirs et roses. Une jarretière rose sur une des jambes, des petites ballerines roses, et un petit ruban autour du cou. Maman m'a maquillée. Là, je suis sûre de mon souvenir. Je sais que je suis avec ma vraie maman, pas celle de mon imaginaire. La petite Loubna est toute belle dans sa robe de Moulin-Rouge. J'ai un cavalier et je danse en faisant virevolter la robe et en levant la jambe avec toutes les gamines de la classe de maternelle. C'est une idée de notre maîtresse, et j'ai adoré ce moment — le seul souvenir où je me sens une véritable petite fille. Je ne vois pas le visage de ma mère, il est flou ; sa seule réalité vient des photographies. Mais j'ai sa voix en tête. Je l'entends encore. Elle adorait chanter. Je sais que je l'ai écoutée pendant des heures enregistrer ses mélodies avec un petit micro, de style karaoké. Sa voix est en moi comme une présence, une belle voix, très sensuelle, entre graves et aiguës. Elle chantait, en arabe classique, des chansons égyptiennes ou libanaises. Je ne comprenais pas les paroles (puisque c'était de l'arabe littéraire et que je ne comprends que la langue traditionnelle, dialectale) mais c'était beau, calme, paisible ou passionné. Maman aimait le style Oum Kalsoum ou Warda. Elle aurait aimé devenir chanteuse, comme sa sœur l'était.

Elle n'a probablement pas aimé sa vie à Dijon, ni l'usine, ni le HLM. Je m'imagine à sa place, à quinze ans, abandonner l'école, me marier si jeune, quitter ma famille et mon pays, une certaine aisance, pour vivre dans un quartier de banlieue, y travailler à la chaîne alors qu'au Maroc la vie était aisée, sans souci matériel. L'amour ne sauve pas tout. Ils étaient amoureux, ils avaient tout fait pour se marier, je sais que mon père adorait ma mère, mais je n'ai jamais posé de question personnelle sur l'échec de leur relation de couple, par respect et par pudeur.

Elle partait le matin, revenait le soir, et j'ai eu beaucoup de nourrices dont elle n'était jamais contente. Mais en dehors du travail, elle nous emmenait tout le temps, mon frère et moi, faire les courses, ou au manège, ou en promenade. Je ne suis pas sûre, mais je nous vois toujours près d'elle, j'ai sa main dans la mienne. J'ai même le sentiment de dormir avec elle, et la certitude que mon frère et moi étions tout pour notre mère.

Les gens du quartier me l'ont toujours dit, on nous voyait toujours ensemble.

Ils se souviennent aussi de sa beauté et de sa modernité. Ma mère était élégante, je le vois sur les photos. Un petit sac sur le côté, des chaussures assorties, une robe décolletée ou un pantalon, de jolis chemisiers, des hauts sans bretelles, de grosses ceintures sur les hanches à la mode des années soixante-dix, elle était très féminine.

Ma mère n'a pas été enfermée dans la stricte tradition musulmane et elle n'était surtout pas du genre à porter le foulard. Sa famille a toujours vécu à l'européenne et les enfants ont fréquenté des écoles françaises. Maman parlait donc le français en arrivant ici. Elle sortait avec mon père, elle allait danser et se baigner. Elle fumait sans se cacher, elle était jeune, belle et libre.

Mes parents se sont donc mariés jeunes, elle à quinze ans, papa à dix-neuf, et ils ne se sont pas endormis dans une vie de couple morose : ils sortaient beaucoup et elle devait adorer ça. Très belle, très grande, très fine, elle ne passait pas inaperçue. Elle aurait pu être mannequin. Sur certaines photographies je la trouve vraiment magnifique, l'une surtout, qui est ma référence. Elle a un superbe sourire, les cheveux à la garçonne, elle porte un maillot de bain blanc, sans bretelles, ses cheveux mouillés sont plaqués en arrière : elle sort d'une piscine avec une grâce éblouissante.

Mon frère, très grand avec de longues jambes, tenait d'elle. Moi, je suis plus du côté de mon père, plus petit, mais j'ai hérité du sourire de maman, et je m'en sers instinctivement. Sourire est une politesse indispensable dans la vie. Quand je souris, je suis avec elle.

J'avais l'impression, enfant, que tout allait pour le mieux dans la famille, alors que je sais aujourd'hui que ça n'allait pas toujours bien, et que maman partait souvent prendre l'air au Maroc avec mon petit frère et moi. Il est né en 1981 et, dans les trois ans qui ont séparé nos naissances nous avons perdu une petite sœur, de la mort subite du nouveau-né. Elle s'appelait Adeline. Je l'ai su bien plus tard, mais j'aurais bien aimé avoir une sœur proche de moi en âge.

Je me souviens de voyages en avion vers le Maroc avec mes parents, de la maison de ma grand-mère, toujours pleine de petits cousins et cousines, de tantes et d'oncles. Un jardin avec un oranger, et un figuier aussi, j'y grimpais avec mes cousins. C'était très joyeux. On allait tous ensemble à la piscine de Miami Plage sur la côte, on glissait sur les grands toboggans. À cette époque, je n'aimais pas revenir en France, car c'était le signal de la fin des vacances, des rires et du soleil, et on était si bien dans cette grande maison…

J'ai mis longtemps avant d'y retourner — je ne

l'ai fait que l'hiver dernier en 2002 — et c'était dur de me revoir courir dans le jardin, grimper aux arbres, de chercher la petite cabane qui n'existe plus, de m'asseoir sur les marches de l'escalier où j'écoutais mes oncles et tantes discuter pendant que ma mère tressait mes cheveux.

Tout le monde parlait français, mais je me suis forcée à apprendre l'arabe, pour comprendre ma grand-mère paternelle. Elle habite dans un quartier populaire, très différent, presque dangereux, certains disent un vrai coupe-gorge... mais j'adorais y aller, grimper sur la terrasse avec les gamins du quartier, partager les bonbons de l'Achoura, la fête des enfants — mon père me donnait trois ou quatre dirhams pour les acheter. Les voisines du quartier m'apprenaient des chansons traditionnelles. Je devenais une vraie « rebeu »... Je marchais pieds nus, n'allais même pas à la plage mais restais là toute la journée, à traîner dans le quartier avec les autres enfants.

Mais si j'avais dû rester au Maroc, j'aurais été élevée du côté du clan bourgeois et honnêtement, je suis contente d'être rentrée en France. J'aime beaucoup mes cousines, mais nous n'avons pas les mêmes valeurs. Elles n'ont jamais manqué de rien, tout leur a été apporté sur un plateau. Ce qui n'est pas mon cas, ni celui de mon père.

Je me sens vraiment française. J'aime beaucoup le Maroc mais je suis souvent en colère contre lui. Je ne me retrouve pas dans ce pays où lorsqu'on a de l'argent, on vit bien, et si mal quand on n'en a pas. Il n'y a pas de classe moyenne, là-bas. Et je suis en colère, je ne me reconnais pas dans ces valeurs du chacun pour soi, où il n'y a quasiment pas d'aide sociale et où tant de gens mendient. Lorsque j'étais plus petite, je n'arrivais pas à comprendre pourquoi en France, il y avait si peu de mendiants, et autant là-bas. Pourquoi en France on arrive à aider les plus démunis, et là-bas on n'aide personne. Très tôt, j'ai vu ce paradoxe entre la famille de ma mère et celle de mon père. Il y a une vraie rupture sociale. Du côté de mon père, ce sont des gens très simples, qui vivent dans un appartement que leurs enfants ont acheté. Quand mon grand-père a été malade, ses enfants ont pu heureusement lui envoyer de l'argent pour acheter des médicaments que l'on ne trouve pas là-bas, ou que l'on ne rembourse pas. Il y a peut-être une Sécurité sociale, mais elle ne rembourse pas grand-chose. En France, il y a la CMU, des assistantes sociales, l'hôpital. Là-bas, pour passer une radio, il faut payer d'avance. C'est la loi de l'argent.

J'aime beaucoup ce pays, j'y suis très fortement attachée, mais j'ai toujours le cœur entre deux chaises : j'aimerais y retrouver la même liberté d'expression qu'en France, je souffre lorsqu'on me dit : « Tais-toi, et respecte ! » Je bondis lorsqu'on fait semblant d'ignorer mon passeport français et qu'on m'intime l'ordre de présenter une pièce administrative qui prouve ma nationalité marocaine pour passer la douane ! J'enrage lorsqu'on m'interdit l'entrée d'un hôtel à Meknès parce que je suis seule en voyage avec une amie ! Je fulmine qu'on veuille m'imposer de courber l'échine, d'oublier la république où je suis née, de faire comme toutes les autres femmes, me taire.

Je suis incapable de me taire. Incapable de me soumettre. Je me suis toujours posé des questions sur tout, ma curiosité est impulsive, ma parole sans retenue, mon échine ne peut pas plier, je n'y peux rien.

La mort de ma mère au pays de sa naissance est un sujet tabou, et ce tabou m'est insupportable. Aujourd'hui j'ai l'âge qu'elle avait quand elle nous a quittés : vingt-cinq ans. Et j'ignore toujours ce qui s'est réellement passé.

Nous sommes partis de France pour retourner au Maroc sans que je prenne conscience, à six ans — mon frère en avait trois —, des conditions de ce départ. Nous allions en vacances seuls avec ma mère, ce qui n'avait rien d'anormal. Je finissais ma dernière année de maternelle et nous étions encore en période scolaire. Je n'ai pas le souvenir d'avoir commencé le CP en France, mais au Maroc. Entre notre arrivée en mars et décembre, je revois peu de choses. Nous sommes dans la maison familiale, je dors sur un canapé du salon, mon petit frère dans une chambre. Il me semble que ma mère n'est plus aussi présente. J'ai la sensation qu'elle s'éloigne, qu'une autre femme nous garde. Je l'ai vue pour la dernière fois un jour, mais dans des conditions bizarres. Il fait beau, il me semble que nous ne sommes ni à Casablanca, ni à Marrakech, ni à Meknès, peut-être dans un hôtel. Je suis avec cette femme qui nous garde, et j'aperçois ma mère dans un couloir. Je l'appelle, j'essaie de courir vers elle : « Maman ! Maman ! » Mais cette femme me dit : « Mais non, ce n'est pas ta mère, reviens... »

Pourtant je suis sûre que c'était elle, et sûre que c'est la dernière fois que je l'ai vue.

La famille a appris son décès par la presse. Quelqu'un a dit à ma grand-mère : « Tu sais où est ta fille ? Elle est dans le journal. Elle est morte en Égypte ! »

Ma mère a donc été retrouvée morte en Égypte, où elle était partie avec des amis en week-end. Il semble que personne dans la famille ne savait qu'elle s'y trouvait, ni avec qui, ni pourquoi.

À partir de ce jour, c'est le trou noir dans mes souvenirs. Je ne me vois pas pleurer, je ne me vois pas sur la tombe de ma mère, j'ignore même s'il y en a une, je ne vois plus mon père. Est-ce que quelqu'un me console ? Est-ce que j'entends dire des choses particulières ? Rien. J'ai fait longtemps le même cauchemar insupportable d'une femme qui n'était pas ma mère mais qui surgissait d'un cercueil en tendant les bras, et en hurlant : « Rendez-moi mes enfants ! » J'en avais si peur que je ne pouvais plus m'endormir.

Et pendant des années on ne m'a pas donné de détails. J'ai senti la colère autour de moi, j'ai compris que les circonstances de ce voyage comme celles de sa mort étaient terribles, qu'on méprisait ma mère publiquement. J'ai dû poser des questions auxquelles personne n'a répondu, entendre des réflexions dont je ne me souviens plus… c'était un gouffre de mystère et de solitude brutale. J'ai gardé le sentiment de ne pas avoir su tout de suite que ma mère était morte, et de l'avoir appris autrement que par la famille.

Je me suis retrouvée dans une école privée au Maroc, sans mon père, captive de la famille maternelle en quelque sorte, et malheureuse comme les pierres. Les journaux en parlaient, les gamines à l'école savaient qui j'étais et j'ai entendu dans le car scolaire des phrases ambiguës, qui assimilaient ma mère à une prostituée partie faire la fête en Égypte avec un riche Saoudien, un musicien célèbre et des amis fortunés. J'ai appris (mais comment ?) qu'elle avait été découverte dans un jardin, suicidée, mais que personne ne croyait au suicide. Je n'ai pas le souvenir qu'un adulte m'ait expliqué quoi que ce soit. On m'a envoyée dans une école où j'ai dû me mettre à étudier en arabe, à apprendre à lire dans le Coran. Je partais le matin, je rentrais le soir, toujours toute seule au milieu des autres, à l'école comme à la maison. Je ne sais pas si mon père est venu ni quand, je n'ai pas compris pourquoi il n'avait pas eu le droit de nous récupérer plus vite pour nous ramener en France. Je n'aimais pas cette école, je n'avais pas d'amies.

On m'a dit qu'un jour on m'avait retrouvée tenant par la queue un chat mort, et qu'une autre fois j'avais crevé les yeux d'un oiseau avec une brochette. J'ai le vague sentiment d'avoir été disputée pour ça, mais comme on me l'a raconté bien plus tard, je ne sais plus. En tout cas, au moment où j'ai entendu le récit de mes atrocités, j'ai cru comprendre que j'étais alors une sale gamine sauvage, et que je devais m'estimer bien heureuse d'avoir été gardée dans la famille avec mon petit frère pendant deux ans et demi. Ce n'était pas dit, mais je l'ai entendu ainsi.

Mon frère n'a pas ressenti le même isolement : il était trop petit et choyé de toute façon comme tous les petits garçons marocains. Sa mère a dû certainement lui manquer, mais il était protégé par les adultes. Il n'allait pas à l'école et n'a pas connu ce sentiment d'injustice et d'emprisonnement que j'ai ressenti à six ans.

Lorsque je suis revenue en France, j'avais oublié le français sans même m'en rendre compte, et je m'époumonais à réclamer une sucette à la boulangère, en arabe, furieuse qu'elle ne comprenne rien. J'ai dû reprendre le CP à la base et avec difficulté à l'école du quartier. Deux années perdues, que je n'ai jamais récupérées en fin de compte. Ma grammaire et mon orthographe sont assez désastreuses, malgré tous les livres que mon père m'a fait lire plus tard pour les améliorer.

Heureusement, j'ai la parole. Je la prends souvent, parfois je ne la lâche pas facilement, et finalement cette première épreuve de ma courte vie m'a fortifiée. Je n'oublie rien, je cherche toujours à savoir où est la vérité sur la mort de ma mère, et un jour ou l'autre je la connaîtrai. Mais en famille nous n'en parlions pas, sauf parfois seuls avec mon père, lorsqu'il voyait que j'allais mal. J'ai la certitude que ma mère nous aimait, qu'elle ne nous a jamais abandonnés puisqu'elle est partie avec nous. Elle avait décidé de changer de vie, mon père l'aimait — et il l'aimera toujours —, mais il n'y pouvait rien. Il ne l'a jamais jugée, chacun a sa souffrance et la garde par respect pour l'autre.

Il ne me reste rien de ma mère, on ne m'a rien donné, pas le moindre objet personnel.

Pourtant, en décidant de changer de vie et de retourner vivre au Maroc avec ses enfants, elle avait emporté ses affaires… Je n'ai pu aller sur sa tombe que très récemment. Longtemps, on a prétendu que l'on ne savait pas où elle se trouvait. Et puis un jour, brutalement, alors que je donnais une interview à une journaliste, sa première phrase a été : « C'est vous la fille de Samira ? Je connais un peu son histoire… La presse égyptienne en a parlé, quelqu'un a même fait un film sur elle. Mais elle ne s'est pas suicidée comme on le dit dans cette reconstitution. »

C'est alors que j'ai appris l'existence d'un homme riche — on le dit saoudien —, qui serait tombé amoureux de ma mère, aurait prétendu vouloir l'épouser et l'aurait invitée avec d'autres amis pour un court séjour en Égypte. Là, elle devait rencontrer un musicien célèbre supposé l'aider à réaliser son ambition de chanteuse. C'était apparemment un piège pour l'attirer, car d'après l'enquête d'un journal égyptien, ce riche Saoudien était alors recherché par Interpol pour avoir déjà séduit et maltraité d'autres femmes avant elle. Toujours d'après ce journal, le suicide ne pouvait être la cause de sa mort. L'homme aurait prétendu qu'elle s'était jetée par une fenêtre, mais la police n'aurait constaté aucune fracture accréditant cette version. Bien au contraire. Alors l'« hôte » saoudien a choisi de disparaître le jour même ; ses serviteurs, témoins de la soirée, ont parlé à la police d'altercation entre lui et ma mère, la veille de sa mort. Le constat effectué le lendemain par la police a disparu, aucun enquêteur n'a pu le consulter, il n'y avait donc plus d'investigation possible. Il est évident pour moi que cet homme a bénéficié d'une aide inconnue mais puissante. Il n'était peut-être même pas saoudien. La presse égyptienne précise qu'il avait des biens immobiliers au Caire dont il s'est séparé immédiatement par l'intermédiaire d'un avocat, plus vite qu'un élu fait disparaître une contravention pour stationnement irrégulier.

Tout cela accrédite, aux yeux de ce journal, la thèse d'une mort suspecte. L'homme a disparu du pays le jour même, sans être inquiété, après une simple déclaration dans laquelle il dit tout ignorer... tout comme ses amis présents lors de cette soirée. Pour moi, le décès de ma mère est le résultat d'un guet-apens sordide.

Avec l'aide d'un avocat, j'ai tenté d'en savoir plus sur ce prétendu Saoudien, mais sans résultat pour l'instant. Je ne dispose que des on-dit et des différentes versions des uns et des autres.

Ainsi, il y a, quelque part dans le monde, un assassin en liberté auquel ma mère a essayé de résister, trop tard malheureusement. Elle était jeune, naïve et rêvait de chanter pour un public comme elle chantait pour moi. Je suis jeune et peut-être naïve moi aussi, mais je crois fermement que tout crime ou mensonge se révèle un jour ou l'autre. Jamais je ne baisserai la tête, je la relèverai toujours sur l'honneur de ma mère.

La vie est un escalier

De retour en France j'étais complètement perdue. Les institutrices m'ont beaucoup aidée en primaire et ont consacré beaucoup de temps à me remettre au français. Au Maroc, l'école était censée être bilingue, mais il n'en était rien. Les bases perdues entre l'âge de six et huit ans me manqueront toujours.

Mon père voyait bien que ça n'allait pas. Je n'en étais pas vraiment consciente mais la mort de ma mère, ce vide inexplicable, doublée par un changement radical de mode de vie, triplée par l'arrivée de la nouvelle épouse à la maison, fait qu'au moment de l'entrée en sixième, je « ramais » passablement. Lorsque j'étais trop mal, je me mettais à la fenêtre, je choisissais une étoile dans le ciel, je la fixais en me disant que c'était ma mère et je lui parlais, je lui demandais de m'aider. Parfois, je n'avais même pas besoin de chercher une étoile, je lui parlais comme si elle était là avec moi, un moyen pour qu'elle existe encore. Autrement je ne parlais avec personne, parce qu'il n'y avait personne. Sauf mon père, qui me forçait à le faire lorsqu'il s'apercevait que ça n'allait pas bien. Lui aussi en avait besoin. Il avait sa part de chagrin. Je commençais à comprendre que lorsque ma mère était partie, elle l'avait probablement fait sous la pression, ou du moins avec l'aide de sa famille. Ce mariage avec un ouvrier les avait peut-être déçus en fin de compte... Ils avaient imaginé autre chose que le travail en usine. Et mon père ressentait le besoin de se justifier alors qu'il n'était coupable que de l'avoir aimée, au fond.

Je servais déjà de petite maman à la maison, je me revois grimper sur un tabouret, trop petite pour faire la vaisselle. Mon père se rendait compte que je vivais mal, et comme il a toujours placé au premier plan la question de l'éducation et de l'école, il a fait tout ce qu'il pouvait pour me donner les moyens de réussir. J'aurais dû faire ma sixième au collège du quartier à un quart d'heure de la maison, mais il a entrepris des démarches au rectorat et demandé une dérogation pour que je puisse intégrer un internat dans un collège du centre-ville, de bonne réputation et bien français. Il avait vraiment envie que je m'en sorte, que je retrouve un niveau scolaire convenable. Il croyait bien faire mais je n'étais pas prête et cette année-là s'est mal passée. Je n'ai pas réussi à m'en sortir. Je devais avoir douze ans, et j'avais toujours du retard. J'ai pourtant rencontré là une équipe pédagogique formidable, des professeurs qui se sont vraiment acharnés à m'aider. Mais j'étais tout le temps malade. Normalement, on quittait l'internat le vendredi. Moi, le mercredi soir, j'étais déjà malade à l'infirmerie, et le jeudi mon père venait me chercher. C'était trop dur. J'avais de longues discussions avec l'infirmière, j'étais devenue une vraie malade imaginaire.

Les élèves étaient tous issus des classes sociales moyennes ou supérieures. Leurs parents étaient enseignants, cadres, médecins ou chefs d'entreprise... Moi, mon papa était ouvrier et j'étais vraiment la seule « rebeu » de la classe dans un collège bien « blanc ». Le décalage s'est avéré trop important. Je me sentais terriblement frustrée au milieu de ces gamins habillés de marques de la tête aux pieds. Je faisais vraiment tache au milieu d'eux, et me sentais mal à l'aise. Les enfants étaient gentils avec moi, à part quelques-uns trop prétentieux. Mais par exemple je n'avais pas, comme eux, de l'argent de poche pour la semaine. Ce n'était pas grave, j'avais heureusement des copines qui partageaient avec moi.

Mais ces enfants ne me ressemblaient pas. Et les questions sont arrivées : « C'est quoi ton nom ? Tu viens d'où ? » Dans mon quartier, personne ne demandait ce genre de chose. J'étais née là, eux aussi, et mon prénom ne posait de problème à personne. J'y vivais dans une sorte de cocon protecteur — faussement protecteur d'ailleurs, car il est difficile de se reconstruire ensuite, mais j'étais trop jeune pour m'en rendre compte. Le quartier nous donne une identité, on y vit en autarcie avec des gens qui se ressemblent, tellement renfermés les uns sur les autres qu'on se dit que la vie est ainsi et pas autrement. Aucune possibilité de croire ou de penser que l'on peut vivre différemment.

Et là, du jour au lendemain, j'aurais dû changer d'identité, de manière d'être, de façon de parler et c'était trop dur pour moi. Il m'aurait fallu des étapes. La cassure était trop violente, même si cela m'a permis d'ouvrir les yeux sur une autre catégorie sociale. Mais cette ouverture d'esprit ne s'est pas faite sur le moment. Il m'a fallu un peu de temps avant de comprendre.

De toute façon, « en ville », on ne voulait pas me garder, je n'étais jamais là les fins de semaine et, malgré la bonne volonté des professeurs, c'était impossible.

Mon frère n'avait apparemment pas de problème. Il menait sa petite vie tranquille, ne parlait pas beaucoup, et jamais de maman. Il avait besoin d'oublier, de faire comme si cette histoire n'avait pas existé. Il était bon en classe — il l'a été jusqu'au collège — et plutôt silencieux. La peste, c'était moi. Papa vérifiait toujours nos devoirs, jusqu'à un certain stade où il ne comprenait plus rien au programme. Alors j'essayais de le gruger. Il prenait par exemple mon cahier de textes :

« Exercice numéro 22, page 30… Tu l'as fait ?

— Oui, regarde… le voilà.

— Ramène-moi le bon cahier avec le bon

livre ! Je ne comprends peut-être pas tout, mais ne prends pas ton vieux père pour un imbécile ! Je ne supporte pas ça ! Je vois bien que ce n'est pas le bon, c'est un vieil exercice ça ! Ce n'est pas parce qu'il a le même numéro que tu vas m'avoir ! »

J'étais tout de même diabolique d'effacer le numéro sur mon cahier et de lui montrer un vieux truc que j'avais déjà fait ! Heureusement, ça ne passait pas. Diabolique, je l'étais aussi avec mon frère. Un jour, il avait une poésie à apprendre, *Le Cancre* de Jacques Prévert. Il n'arrivait pas à se la rentrer dans la tête et il en pleurait. J'ai retrouvé le livre il y a peu de temps dans un petit magasin de livres pour enfants, et j'en ai eu les larmes aux yeux. Je m'en veux tellement de l'avoir embêté... J'ai revu brusquement la scène.

Nous sommes tous les deux dans la chambre. Je suis en sixième et lui en primaire. Il répète le poème en butant sur les strophes, et je rigole, je me moque de lui : « T'arrives pas à apprendre, le cancre ? C'est toi le cancre ! T'es un cancre, t'es un cancre ; tu peux pas apprendre ton poème, espèce de cancre. » Il en pleure, le pauvre. J'ai été odieuse avec lui.

Une autre fois, mon père est sorti en nous laissant la clé, il nous a dit : « Surtout, vous n'ouvrez la porte à personne ! Surtout pas à Salah ... »

On sonne. Papa a dit de ne pas ouvrir la porte. Mais Salah n'arrête pas de sonner, en criant : « Ouvrez, ouvrez ! » Et finalement j'ai ouvert.

Salah a pris quelque chose qui lui appartenait ou pas, et s'en est allé. Je pensais que j'allais me faire tuer par mon père. J'ai pratiqué un vrai lavage de cerveau à mon petit frère.

« C'est toi qui as ouvert, c'est toi qui lui as ouvert. » Il me disait : « Mais non », je disais : « Mais si c'est toi. Pourquoi tu as ouvert ? » Et tout l'après-midi, je lui ai tellement rabâché la même chose qu'il était persuadé d'avoir ouvert la porte. Mon père arrive, et s'aperçoit que nous avons désobéi.

« Pourquoi as-tu ouvert ?

— C'est pas moi, c'est Memed. »

Je nous revois dans la chambre où nous dormions dans des lits superposés, mon doigt pointé vers le lit du haut : « C'est lui qui a ouvert ! »

Le pauvre a pris une fessée à ma place, et ça m'a tordu l'estomac de le voir pleurer. Je me disais : « Mais tu es dégueulasse ! » Ce soir-là, je me suis trouvée ignoble.

Après le décès de mon frère, j'ai raconté cette histoire à mon père qui l'avait d'ailleurs oubliée — ce n'était pas si grave, et les fessées de mon père n'étaient pas terribles. Mais je culpabilisais. Je lui en ai fait faire, des choses idiotes !

Quand nous avons été plus grands, j'allais piquer le soir une cigarette dans le paquet de ma belle-mère et je la fumais dans la chambre. Et comme mon frère était en haut, près de la fenêtre, c'était lui qui enlevait les cendres, et jetait le mégot par la fenêtre. Nous avons fait les quatre cents coups, lui et moi. Nous étions très proches, nous nous adorions, mais nous n'arrêtions pas de nous bagarrer. Mes parents partaient souvent en week-end, dans la famille. Et nous restions tous les deux dans l'appartement. Lors de l'une de leurs absences, je lui ai donné des coups de balai et je me suis réfugiée aux toilettes pour ne pas qu'il m'attrape. Il s'est tellement énervé qu'il est allé chercher une chaussure de ma belle-mère, avec un talon aiguille en fer, et a tapé comme un fou avec sur la porte en plaqué. Gros trou dans la porte des toilettes, qui nous a calmés tout le week-end. Plus question de bagarre. Nous avons passé notre temps à chercher ce que nous allions pouvoir inventer pour échapper à la punition, et nous n'avons rien trouvé.

On a tout cassé dans cette maison. Chaque fois que nos parents rentraient de week-end, quelque chose avait été brisé, et les réserves du réfrigérateur avaient disparu. Mon père en avait assez de faire les courses. Il nous appelait « les Gremlins ». On ne se rend pas compte quand on est petit que la nourriture coûte cher, que les parents ont un budget et qu'avec autant d'enfants c'est difficile. Chaque fois qu'il faisait les courses, on dévorait tout ce qui nous plaisait en premier, et en deux jours il n'y avait plus rien, alors qu'il avait fait le plein pour la semaine.

Nous jouions à cache-cache avec papa sur la nourriture. C'était devenu un jeu, alors qu'on n'avait même pas faim ! Mais il fallait absolument parvenir à rentrer dans la cuisine. Mon pauvre père devenait fou. Je ne sais pas pourquoi nous faisions tout ça. Ce n'était pas de la boulimie, mais le plaisir de faire des choses interdites. Je me disais : « Ah bon ! Vous ne voulez pas qu'on rentre dans la cuisine ? Alors on va tout faire pour y entrer ! » et nous sommes allés jusqu'à déménager les canapés qui bloquaient une porte, ou passer par le balcon en démontant la serrure...

Il ne faut rien m'interdire, c'est là mon moindre défaut. Et j'entraînais mon frère. C'était moi qui donnais les mauvaises idées. Il m'est arrivé de prendre une fessée de temps en temps quand j'étais petite, mais vraiment pas graves. Mon père privilégie toujours la discussion. À chaque bêtise, il nous parlait pendant une heure ! Parfois, j'aurais préféré prendre une bonne raclée plutôt que de l'écouter pendant tout ce temps...

Je me souviens d'un long discours de ce genre. J'étais « amoureuse », depuis l'école primaire, d'un petit garçon qui lui ne voulait pas de moi. Comme j'obtenais toujours ce que je voulais, finalement je suis arrivée à « sortir » avec lui en cinquième. J'avais treize ans. Tous les copains du quartier nous charriaient, mais j'étais contente de sortir avec lui, j'avais enfin mon flirt !

Un jour mon petit copain me raccompagne chez moi. Mes parents sont en courses le samedi après-midi, et je ne crains rien. D'ailleurs, nous ne faisons rien de mal, nous sommes trop jeunes. Ces petites histoires de flirt n'ont guère de conséquences, sauf que les «potes» du quartier qui nous charrient se mettent à nous suivre et tout le monde se retrouve sur le palier devant ma porte. Nicolas, Nabil, Sofiane, et moi ! Et on discute, et peu à peu on pénètre à l'intérieur : les copains assis par terre devant la porte ouverte, mon flirt et moi en face sur le canapé. L'ascenseur s'ouvre et mon père arrive ! Nicolas se sauve en courant, Nabil prend un coup de pied aux fesses par mon père, tout comme Sofiane !

Mon père m'a prise à part pendant une heure, pour me dire que ça ne se faisait pas de ramener des petits copains à la maison, et puis j'étais trop jeune, et qu'est-ce que les gens allaient dire ?

«Tu sais ma fille, la vie, c'est comme les marches d'un escalier, si tu les prends dix par dix, tu te casses la figure. La vie c'est ça, il faut y aller marche après marche. Tu auras le temps de fréquenter les garçons, ce n'est pas le moment, tu es encore une petite fille, vas-y doucement.»

La vie comme un escalier, c'est une expression qui m'est restée imprimée dans la tête. J'aurai des enfants un jour, et ils auront droit aux marches de l'escalier qu'on ne grimpe pas quatre à quatre pour certains, ou à la dizaine pour mon père. Aussi ouvert et indulgent qu'il soit, papa demeure méfiant sur la réputation de sa fille. Avoir un flirt à treize ans dans le quartier, c'était pour lui une bonne dizaine de marches sur mon escalier, et il en avait déjà le vertige.

Au fur et à mesure des années, mon frère s'est laissé influencer. Mon père lui en a voulu car il pensait sincèrement lui avoir donné de bonnes bases pour ne pas tomber dans ce travers et il a été très déçu. Il lui disait : « Arrête, tu es une toupie, les gens te font tourner comme une toupie, ils te prennent pour un con... »

Ça a commencé au collège du quartier. Il était très bon élève, meilleur que moi. Vingt de moyenne en maths, intelligent, discret. En sixième, ça allait, en cinquième, c'était juste, en quatrième, c'était fichu. Il s'est retrouvé en troisième technologique puis en BEP. Au milieu du BEP, il a tout arrêté. Il avait de très mauvaises fréquentations malheureusement, et c'est le cas de beaucoup de garçons. Il leur suffit de tomber dans la mauvaise bande. Ses copains n'étaient pas de grands méchants en général, et je les aimais bien. Avec un de ses amis, c'était plus compliqué. Sa mère venait voir ma belle-mère pour lui dire : « Il faut que votre fils arrête de traîner avec le mien, parce que c'est lui qui l'influence. » Puis c'était au tour de ma belle-mère d'aller se plaindre : « Il faut que votre fils arrête d'influencer mon fils. »

Les deux gamins étaient punis, ils n'avaient plus le droit de se voir, alors qu'ils s'adoraient. On n'a jamais su qui influençait l'autre. Puis dans le groupe est arrivé un autre garçon qui, lui, avait une histoire assez difficile. Métis, moitié algérien, moitié français, il avait un grand frère magnifique.

Comme toutes les copines, j'étais tombée amoureuse de lui et de ses yeux verts. C'était un grand du quartier — il avait vingt ans, et nous à peine seize —, mais on était amoureuses des grands du quartier, tous des voyous en puissance…

Un jour, à la fin des vacances, j'ai appris qu'il était en prison. J'en ai vu d'autres tomber comme lui, d'autres encore qui ont pris des balles perdues. Je n'ai jamais su pourquoi. Dans les petites villes de province, il n'y a pas cette violence des grandes cités et on est toujours surpris d'en voir un tomber. Il y a bien des histoires de voitures volées, ou cassées, on sait plus ou moins qu'un tel a laissé tomber le collège et traîne dans le quartier, les yeux rouges d'avoir fumé… Mais là, on ignorait qu'un « beau mec » aux yeux verts, d'une famille respectable, vivait sur le fil du rasoir en dealant. Avec nous, il avait une attitude de grand frère : jamais un mot de travers, toujours le respect. Il m'encourageait à bien travailler et je lui faisais confiance.

J'étais toute heureuse à l'idée de le retrouver en revenant de vacances, et voilà que j'apprends qu'il est tombé. C'est là que j'ai commencé à comprendre ce que je sais parfaitement aujourd'hui : dans les quartiers, on est toujours sur le fil du rasoir, prêts à tomber du mauvais côté. Il suffit d'un rien, d'un refus de petit boulot, d'une misère provisoire, de la honte de voir son père au chômage, pour qu'un jeune se laisse envahir par la haine et qu'il se dise : « Après tout pourquoi pas, puisque c'est comme ça la vie… »

Alors il grimpe les marches de l'escalier quatre à quatre, et il se casse la figure.

Personne n'est à l'abri de se casser la figure.

Personne n'est à l'abri de se casser la figure

Après la tentative d'internat ratée, je retourne au collège du quartier et je suis enfin dans la bonne moyenne, malgré des zéros à répétition en orthographe. Mon père, toujours attentif, ramène du marché des piles de bouquins à dix francs, et je n'arrête pas de lire, tous les soirs, pendant des heures et des heures. Je ne dors presque pas, parfois jusqu'à la nuit blanche. Je lis tout et n'importe quoi. Des histoires d'amour, beaucoup. Des polars. Je deviens fan d'Agatha Christie.

Mais j'ai toujours zéro en dictée, alors qu'en rédaction je me maintiens à quinze, seize. J'ai manifestement beaucoup d'imagination, du vocabulaire et une bonne réflexion sur les sujets, mais ma moyenne de français baisse inexorablement avec l'orthographe. Le déclic ne se fait pas. En réalité je lis beaucoup, certes, mais je suis tellement passionnée par l'histoire que je ne me concentre pas sur les mots. Quant aux maths, j'ai toujours été nulle. Alors ça ne va plus bien du tout. Et je voudrais faire mieux sans savoir comment m'y prendre pour entrer dans un bon lycée, un de ceux qui vous tirent vers le haut et qui ne se contentent pas, comme souvent dans les quartiers, d'une moyenne qui ne tient pas la route à l'arrivée au bac. J'ai un stratagème, que je ne suis pas la seule à connaître, pour ne pas me retrouver dans le lycée du quartier : celui de demander italien en langue vivante III. Je peux ainsi entrer dans un autre établissement de bon niveau, où les classes sont un peu plus métissées.

Je me retrouve donc là en seconde… et mon niveau scolaire chute aussitôt. Moi qui me trouvais bonne élève au collège, je me rends compte que les professeurs s'adaptent aux élèves qu'ils ont en face d'eux, alors qu'ils devraient adopter une attitude contraire. Quand ils ont des élèves moyens, leur programme est moyen !

Et Loubna, la prétendue bonne élève de son collège de quartier, est notée en dessous de la moyenne ! Ma moyenne générale qui était de quatorze chute brutalement à huit en seconde. En rédaction, je ne suis plus aussi bonne. Les autres écrivent beaucoup mieux que moi, ils ont un style plus fluide, et ici on corrige les fautes d'orthographe dans les rédactions, ce qu'on ne faisait pas au collège. C'est grave de se retrouver en dessous du niveau des autres, alors qu'on se croyait au-dessus ! Je redouble la seconde, et l'année démarre encore plus mal. Pourtant, je me bats pour y arriver. Je passe des heures à la bibliothèque du quartier, je n'arrête pas de lire, et d'apprendre. Quelqu'un m'aide pour les maths : un voisin, bon père de famille, qui m'a proposé des cours, mais il est dépassé par un programme qu'il n'a jamais fait de son temps. Je fais pourtant mes devoirs avec lui, je passe des heures à bûcher et je n'y arrive pas, car il n'y a personne d'autre pour m'aider.

J'atteins le stade où personne ne peut me dire pourquoi je n'y arrive pas, ni où est la faute à corriger pour me permettre d'avancer. C'est désespérant. Je bute sur des murs. Je perds du temps à me débrouiller toute seule. Je retourne le problème en tous sens : pourquoi mon style n'est-il pas parfait ? Qu'est-ce qui ne va pas ? Qu'est-ce que je dois améliorer ? L'histoire et la géographie, c'est simple à apprendre par cœur, mais dès qu'il me faut écrire, créer, analyser, commenter, c'est beaucoup plus difficile. Au collège, finalement, je n'ai fait que de l'apprentissage et passé mon temps à recracher les cours. Au lycée, on en demande plus que ça…

Dans ce lycée, je fais aussi ma petite « révolution culturelle ». Je côtoie des gens qui ne vivent pas de la même manière que moi et je ne comprends pas pourquoi mes copines de classe peuvent aller à la sortie des cours boire un café, sortir en boîte de temps en temps, se balader, aller à des anniversaires avec des copains, recevoir des copines chez elle ou encore aller dormir les unes chez les autres… Moi, je n'ai pas le droit de faire tout ça ni de vivre comme elles. J'en rêve, mais je dois rester à la maison. Dans le quartier, c'est pareil pour tout le monde. Si mes copines sortent, c'est toujours avec leurs petites sœurs et petits frères… pas question d'aller faire la fête toutes seules.

Quand j'étais au collège du quartier, à dix minutes de chez moi, je devais absolument rentrer à l'heure. Ma belle-mère gérait mon temps : elle savait combien de minutes il me fallait pour rentrer et réintégrer les tâches familiales. C'était normal pour moi, je ne le discutais même pas, et pour mes copines c'était pareil. Je rentrais, je faisais goûter mes frères et sœurs, je les aidais à faire leurs devoirs, je rangeais, je préparais le dîner, après quoi je faisais la vaisselle, je rangeais la cuisine. Tout était impeccable. Et ensuite, j'allais faire mes devoirs. Au collège, avec dix minutes de trajet et des cours moins lourds, j'y arrivais.

Mais dans ce lycée, et en seconde, je ne pouvais plus tenir ce rythme-là. On m'en demandait plus et j'avais vraiment besoin de bûcher. Le soir, en rentrant, j'aurais dû pouvoir me concentrer sur mes devoirs tout de suite et non à 8 heures du soir après tout ce travail. Mais il y avait sept enfants dans la famille à présent, ce qui est difficile à gérer. En tant qu'aînée, j'en ai pâti.

J'explose cette année-là. Je suis inquiète pour ma scolarité. Je demande un rendez-vous avec le proviseur dès le premier trimestre. Après tout, c'est mon avenir qui est en jeu, et je commence à me rendre compte que l'exclusion commence là, dans ce système scolaire qui ne tire pas les jeunes des quartiers vers le haut, mais les encourage au contraire à « débarrasser » le plancher des études générales après une troisième dans un collège moyen, pour les diriger vers des filières professionnelles, où ils n'encombreront pas les facultés. Je ne veux pas être exclue. Je veux faire honneur à mon père et réussir.

Je ne reçois l'aide de personne, à part celle d'une femme extraordinaire, un professeur d'histoire à qui je dois beaucoup. Je l'ai eue pendant deux ans de suite. Au début, elle m'impressionnait. Elle avait un fort caractère et une telle poigne que personne ne bronchait en cours ! Une femme qui savait se faire respecter mais qui ne nous prenait pas de haut. Ferme mais juste. C'était la seule qui croyait en moi, et me défendait au conseil de classe. Elle disait qu'il ne fallait pas me lâcher, que j'avais des capacités et que je pouvais réussir. Je sentais qu'elle était là vraiment pour nous, ses élèves.

Mais malgré cela je n'arrivais pas au niveau : j'avais pris trop de retard et n'avais toujours pas suffisamment de temps à y consacrer. Je paniquais à l'idée de me retrouver dans une filière sans intérêt pour moi. Je voulais arriver en première et passer mon bac, sortir du quartier, grandir et voir le monde ! En plus, j'étais en pleine révolution adolescente, je ne supportais plus de servir tout le monde. Ma belle-mère à son tour ne me supportait plus car je faisais tout pour l'insupporter, bref, c'était dur pour elle et pour moi. Mme Landry voyait bien que je faisais mon possible pour m'en sortir, que j'avais de la volonté, que je demandais toujours ce que je devais lire, ce qu'il fallait faire.

Un jour, elle m'a expliqué qu'il existait des chambres au lycée pour quelques internes, et des professeurs auxiliaires, et que je pourrais être au calme pour y travailler. Elle se rendait bien compte que le fait d'être à la maison était trop compliqué. L'internat, une chambre à moi toute seule, la paix pour bûcher, c'était la solution. Je me suis immédiatement accrochée à cet espoir et, grâce à mon professeur, j'ai obtenu un rendez-vous avec le proviseur du lycée, pour faire une demande. Il m'a fait patienter pendant des mois et je n'ai jamais pu entrer à l'internat. D'après lui, il n'y avait pas de place, alors que mon professeur savait qu'il y en avait au moins une…

Hélas ! c'était un nouveau proviseur cette année-là. L'ancien avait une politique d'ouverture et avec lui j'aurais eu probablement ma chance, mais celui-là n'a pas voulu m'aider. Au lieu d'ouvrir son lycée, jugé de bon niveau, aux jeunes des quartiers, il les en a exclus. Et j'étais dans le lot avec d'autres. Il voulait que son lycée devienne un lycée d'élite et n'a pas hésité à faire des travaux de prestige, par exemple en installant dans la cour un immense panneau de signalisation, style aéroport international, ce qui nous faisait grincer des dents. J'aurais préféré qu'il investisse dans des livres ou du matériel pour le CDI, plutôt que de lire en lettres lumineuses des informations qui n'avaient guère d'intérêt. Mais ça faisait chic. Et je n'ai pas eu ma chambre — dehors, les besogneux ! le lycée n'est pas là pour régler vos problèmes extérieurs. Les problèmes extérieurs n'entrent pas à l'intérieur. Surtout si une élève est un problème extérieur à elle toute seule.

Au dernier conseil de classe, alors qu'il ne m'avait vue qu'une fois et me connaissait à peine, il a décidé qu'on ne pouvait pas me garder, que j'étais « une élève perturbatrice, pas assez assidue en cours et donc un très mauvais élément pour l'établissement scolaire ».

Et la seule qui a hurlé : « Vous ne vous rendez pas compte que vous gâchez son avenir », c'est ma prof d'histoire-géographie. Mais c'était sans espoir, j'étais virée en filière professionnelle, option comptabilité !

Il n'y avait rien de vrai dans ce qu'il avait dit. J'avais été absente quelquefois mais ces absences étaient toujours justifiées par des certificats médicaux. Quant à me qualifier de perturbatrice et de mauvais élément, je n'ai jamais compris pourquoi ! J'étais très discrète à l'époque, et je ne me faisais pas remarquer. Je n'ai commencé à m'affirmer et à faire parler de moi qu'à partir du mouvement lycéen. Peut-être n'a-t-il pas apprécié la manière dont je suis venue lui demander de l'aide. Peut-être m'a-t-il jugée sans gêne d'oser demander une chambre d'internat pour étudier hors de chez moi. Il est vrai que je m'étais présentée seule : je n'avais pas le choix, ni mon père ni ma belle-mère n'étaient préparés à appuyer une pareille demande. Mais il n'avait qu'à le dire, ne pas me laisser espérer pendant des mois ! Il est vrai aussi que je n'ai cessé de le relancer, mais c'était vital pour moi, la seule manière possible de réussir et d'avancer dans la vie.

Mon père est allé à la commission de rattrapage, il a supplié, en disant : « Vous gâchez son avenir, elle veut vraiment s'en sortir, c'est vrai qu'elle n'est pas très bonne, elle n'a que dix et demi de moyenne, mais je suis prêt à payer des cours cet été, pour rattraper son niveau. » Il me fallait treize de moyenne en tant que redoublante pour passer en première, et c'était une grosse déception pour lui comme pour moi. J'étais malade de voir mon père pleurer devant eux, de les supplier de m'aider. Je passais de la colère à la rancune, à l'humiliation et à l'abattement.

À l'idée de me retrouver en BEP comptabilité, je me sentais minable : après tout, ils avaient raison, j'étais une moins que rien, une nulle, j'allais rater ma vie, je n'aurais jamais ni vrai travail ni avenir. Mme Landry s'est bien rendu compte que cet échec allait me perturber encore davantage, et elle a trouvé une idée superbe. Elle sait de quoi elle parle, quand il s'agit des jeunes du quartier : elle y habite et connaît la vie des jeunes filles, leurs difficultés ; elle comprenait donc les miennes.

Elle m'a proposé un petit boulot d'été. Elle

était secrétaire générale d'une association, l'APJAH (Association pour jeunes adultes handicapés), qui tous les ans organise des camps de vacances. Même sans le BAFA, je pouvais y être stagiaire. « Tu vas te faire un peu d'argent de poche, partir de chez toi pendant un mois, et on verra comment tu seras à la rentrée. »

J'ai donc passé un mois avec ces adolescents handicapés dans le sud de la France, Laroque des Albères, un endroit superbe. Et j'ai pris une grande claque. Ils avaient quatorze, quinze ans, ces jeunes handicapés, et ils se comportaient comme de petits enfants : ce n'était pas toujours facile, mais ils m'ont apporté beaucoup plus que je ne pouvais leur offrir. Je me suis dit que ma vie à côté de la leur n'était rien. J'ai compris les vraies difficultés. Ce mois a été très dur, mais il m'a fait un bien fou. Je me suis dit : « Ma fille, tu es entière, tu as toute ta tête et tu peux faire beaucoup de choses, même si ce fichu lycée ne veut pas de toi. »

Tout n'a pas été simple pour la stagiaire que j'étais, sans expérience et sans qualification. J'ai dû apprendre à contrôler des situations difficiles auxquelles rien ne m'avait préparée. J'ai eu peur, j'ai eu pitié, j'ai paniqué, j'ai ri et pleuré. Des tas de choses nouvelles me sont arrivées en un mois, j'ai fait un véritable apprentissage sur moi-même, et j'en ai remercié mon professeur. Elle avait cherché le déclic qui me remettrait sur pied, et elle l'avait trouvé. J'avais fini de m'apitoyer sur mon sort.

Au mois d'août suivant, mes parents partent au Maroc avec les plus petits et me laissent seule avec mon frère, et la plus grande des filles.

J'ai un flirt, je suis tombée amoureuse d'un garçon de mon quartier. « Amoureuse » me paraît un grand mot, aujourd'hui que j'ai grandi ! Mais je me voyais amoureuse — j'allais faire ma vie avec lui, avoir des enfants —, alors que je n'avais que dix-sept ans.

On nous conditionne à être de futures femmes au foyer. On ne se dit pas que la vie d'une femme rebeu, c'est aussi, peut-être, une vie professionnelle. Malgré tout ce dont nous pouvons rêver au lycée — devenir journaliste ou avocate —, quelque chose au fond de nous, implanté depuis la naissance, nous dit que cette vie ne sera réussie que le jour où nous serons mariées, avec des enfants. L'objectif, c'est ça. Entre copines, on ne parle que de ça. On ne discute pas de réussite professionnelle, mais de réussite familiale. Le mariage fait que l'on a un statut, que l'on est reconnue dans la communauté.

Il est rebeu. À l'époque, je suis sectaire. Pas de Gaulois. Je ne l'imagine même pas : j'aurais été la risée du quartier. Les petits rendez-vous se passent à l'arrêt du bus, où j'arrive une demi-heure avant pour l'attendre, l'air de rien. On se voit très peu, on se cache comme il est de rigueur de le faire, sinon tout le monde serait au courant dans le quartier, et dans ce cas la réputation d'une fille en prend un coup. Bien entendu, il ne se passait rien entre nous. Je me préservais pour mon mariage, et la question ne se posait même pas, pour lui comme pour moi. Il a quand même demandé, c'est humain... J'ai répondu que j'entendais faire les choses bien, et dans le respect.

La sexualité dans les quartiers est un sujet tabou. La définition en est simple et elle concerne uniquement les filles ! Il y a les putes et les autres. « Point barre », comme ils disent. Par contre, les garçons embrouillent tout avec leurs bagarres de petits machos orgueilleux. C'est eux qu'il faudrait éduquer avant tout. Eux qu'il faudrait libérer de leur carcan. Eux qui sont incapables de dire « je t'aime » à une fille, de peur de passer pour des crétins auprès des autres. Au collège, ils choisissent d'aborder les filles avec des formules pour le moins douteuses : « Tu pipes pour un choco ? » On supporte, on prend la proposition comme une plaisanterie — et la plupart du temps c'en est une —, mais ce genre de langage ne facilite pas les rapports.

Cet été-là, il y a une embrouille dans mon quartier : le frère de mon flirt se fait poignarder par mon voisin du dessous, pour une histoire de fille. C'est un peu plus compliqué que ça, en fait. C'est ici qu'il faut imaginer la complexité des embrouilles de quartier. Une fille navigue entre eux, mais c'est le fond du décor. L'un poignarde l'autre parce que mon flirt a engueulé son petit frère. Pourquoi l'a-t-il engueulé ? Parce qu'il a sonné chez moi un soir à trois heures du matin, et qu'il ne pouvait pas rentrer chez lui à l'étage en dessous… Mon frère Memed l'a laissé dormir à la maison, puisque nos parents n'étaient pas là, et parce qu'il est influençable. Il aurait dû dire non, mais il était trois heures du matin, et c'était la famille de l'étage en dessous…

Mon flirt apprend la chose puisque tout se sait… Il attrape le petit frère de mon voisin du dessous, et le sermonne ainsi : « Ma copine, c'est pas une pute, tu viens pas chez elle. Comment se fait-il que t'es allé à 3 heures du mat' chez ma meuf et que tout le quartier est au courant, alors que ses parents ne sont pas là ? C'est pas un squat chez elle ! C'est une fille de bonne famille ! Moi, je suis avec elle, et je ne veux pas avoir de mauvaise réputation ! »

C'est la réputation qu'on va lui faire à *lui* qui le dérange. C'est la fierté et l'honneur basiques du jeune rebeu de quartier. « Si tu parles à ma meuf, si tu sonnes à la porte de ma meuf, c'est mon honneur que tu attaques ! »

Ils se prennent donc la tête et s'insultent devant tout le monde. L'humiliation en plein quartier. Le grand frère de l'autre décide de s'en mêler : pour lui, c'est la goutte d'eau qui fait déborder le vase… « La famille Machin, on en a marre… Un frère qui me prend ma meuf (on l'avait presque oubliée celle-là…), l'autre qui vient insulter mon petit frère… »

C'est une embrouille qu'il faut régler !

Arrive l'attaquant en bas de l'immeuble. Il vient chercher le provocateur à l'étage en dessous de chez moi, et ils redescendent dans la rue pour s'affronter. Mon flirt descend pour surveiller le règlement de comptes et soudain, je le vois remonter en furie, cherchant n'importe quoi pour fracasser mon voisin du dessous, tout en hurlant d'appeler les pompiers. Ce que je fais. Je redescends et je vois des flaques de sang autour du frère de mon flirt, et puis des gens du quartier qui se précipitent pour appliquer une compresse sur la plaie. Le coup de couteau est passé à trois centimètres du cœur. Il a eu de la chance. Tout ça pour un dialogue de fous :

« Tu as insulté mon petit frère !

— Il est venu frapper chez ma meuf… »

Ça prend des proportions incroyables pour un détail. Et on grandit là-dedans…

L'éducation en France, l'école, le collège, le lycée, la République ne leur ont rien appris pour qu'ils en soient encore là. Rien. On vit dans des quartiers complètement marginalisés, entre nous, sans côtoyer personne d'autre. On a l'impression que ce que nos parents enseignent à leurs enfants, c'est la meilleure des éducations, on est persuadés que tout ce qu'on fait est bien : on ne connaît rien d'autre, alors c'est comme ça. On reste dans notre petit ghetto. Rebeus ou Gaulois des cités, c'est pareil, un vrai retour en arrière. On vit comme on devait vivre dans les quartiers ouvriers des années trente.

Et on nourrit tellement de frustrations. L'impression de ne pas être français à part entière, toujours obligé de se justifier, d'en faire plus… Au bout d'un moment, on en a marre d'entendre tout le temps :

« T'es quoi, toi ?

— Je suis français.

— Non, mais t'es quoi ? Abdou, ça vient d'où ? Algérie ? Maroc ? Tunisie ?

— Attends, je suis français… c'est mes parents qui sont nés au bled…

— Mais il est où ton bled ? »

Au bout du compte, on se demande : « Où je vis ? Je suis née ici, j'ai grandi ici, pourquoi je serais obligée de le prouver plus que les autres qui sont nés ici ? »

À dix-sept ans je n'étais pas encore prête à brandir le slogan de la révolte : « Il faut casser les ghettos et obtenir la mixité sociale. » Ce jour de l'embrouille avec coup de couteau et appel des pompiers, j'étais coincée sans l'avoir voulu. Tout le quartier en parlait, et tout le quartier savait que mon flirt avait défendu son honneur de m'avoir pour meuf.

J'étais certaine, au retour de mon père, d'avoir droit au principe de l'escalier.

Je n'avais rien fait de mal, mais tout de même, ma réputation… et celle de mon frère !

La réputation

Une querelle de jeunes dans le quartier, un coup de couteau, une jeune fille mêlée à l'histoire même si elle n'y est pour rien, me voilà menacée de mauvaise réputation. La hantise de mon père. Les vacances sont finies, les parents reviennent du Maroc et, quasiment le jour même, on frappe à notre porte : « Ta fille, c'est une pute ; ta fille faisait des boums à la maison pendant que tu n'étais pas là, y avait des garçons et des filles dans ton salon ; c'est à cause d'elle si mon fils s'est fait poignarder... »

Nous sommes en France, pas au bled... Mais comme au bled tout le monde se mêle de tout, même ceux qui ne sont pas concernés. Les pères rebeus discutent dans les cafés. Les mères en rajoutent. Personne n'avait jamais parlé de moi avant ça, j'étais une fille de bonne famille, bien considérée. Je suis devenue scandaleuse.

À l'idée que j'ai fréquenté un garçon, et en

entendant qu'on me qualifie de « pute », mon père craint évidemment pour ma virginité.

« Papa, si tu ne me crois pas, on va chez le gynécologue. Je n'ai rien à me reprocher ! »

Mon père me connaît, il me fait confiance et me croit. Mon frère ne se fait même pas maudire pour avoir laissé entrer un garçon à la maison. L'affaire du couteau passe au second plan. Ce n'est pas cela qui importe, ce qui est grave, c'est que tout le monde sait maintenant que je sortais avec un garçon. On jase dans tous les escaliers d'immeuble. Et ils ont décidé de ne plus me parler : pour eux, c'est de ma faute si Saïd s'est fait poignarder. J'ai fait LA bêtise impardonnable, tomber amoureuse d'un garçon du quartier, et maintenant l'affaire est devenue « publique ».

Pourtant, depuis près d'un an nous faisions tout pour être discrets. Je m'éloignais de cinq cents mètres pour ne pas être vue de la fenêtre de la cuisine. Je descendais à l'arrêt de bus le plus loin de chez moi. On se voyait là, on s'embrassait en cachette. Il y avait une laverie automatique juste à côté de l'arrêt et parfois on entrait à l'intérieur pour que personne ne nous voie, et parce que l'hiver, il fait froid. On parlait, on parlait. C'étaient nos petits moments à nous, on ne se voyait pas beaucoup dans la journée, et il était très rare que je puisse sortir. Parfois, j'emmenais mes petites sœurs, et elles ont commencé à me faire du chantage : « Tu me donnes un franc ou des bonbons, sinon je dis à maman et à papa que je t'ai vue avec un tel. »

J'étais contrainte de leur donner un franc, deux francs, même dix francs. Finalement, elles aimaient beaucoup mon flirt, et bien entendu ne lâchaient pas le morceau, sachant qu'elles auraient leurs bonbons pour se taire. Mon frère Mehdi, lui, ne me surveillait pas, ce n'était pas son genre et de toute façon je lui en aurais fait passer l'envie.

Ce fameux été, les parents de mon copain étaient eux aussi au bled. Il était seul chez lui avec son frère, si bien que je m'étais occupée d'eux aussi, et au bout du compte, je faisais à manger pour tout le monde, la vaisselle, le ménage. Je faisais très exactement tout pour qu'il me demande en mariage, je voulais être l'exemple de la jeune fille de bonne famille, vierge, dévouée et sage, qui ne sort pas le soir, s'occupe de ses petits frères et sœurs : une future bonne épouse rebeu... J'avais dix-huit ans, j'étais en plein dans le système classique, et me croyais vraiment amoureuse, alors que c'était sûrement une échappatoire, une manière de résister, la solution à mes problèmes au lycée : deux années de BEP, une première sans enthousiasme pour un avenir professionnel sans enthousiasme... pourquoi pas le mariage pour obtenir au moins une forme de liberté en dehors du cocon familial ? Je ne sortais quasiment jamais du quartier, la ville était proche et je ne savais même pas comment faire pour y aller.

Garder ma petite sœur et mon petit frère m'arrangeait : ils étaient ma caution pour me promener dans le quartier sous le regard des autres. Je me cachais moins. Je fréquentais ce garçon depuis un an et j'espérais qu'il allait décider de se marier avec moi. Je craignais moins les racontars mais j'avais tort. Le scandale s'est déroulé en bas de mon immeuble et ce qui m'est arrivé en est la conséquence logique.

Mon père se dit : « Elle a mauvaise réputation ; au lycée, ça ne va pas bien ; à la maison, elle n'est pas heureuse… Finalement, il vaudrait mieux qu'elle se marie. » Depuis l'âge de seize ans, on m'a déjà demandée en mariage, et mon père a toujours refusé : sa fille faisait des études, pas question de l'en détourner. Les choses ont changé et il n'y a plus d'obstacle à accueillir la « marieuse » du coin. Il y a des entremetteuses dans le quartier, comme au bled. Des femmes dont la fonction traditionnelle est de marier les uns avec les autres. C'est un vrai business. Elles vont dans les mariages repérer les filles, comme on choisirait une brebis dans un troupeau : c'est comme ça qu'elles se font de l'argent. C'est ignoble. Petite fille, je n'allais jamais aux mariages, jusqu'au jour où je suis devenue femme. Et c'est là qu'on nous repère, il faudrait refuser d'y assister, c'est comme ça qu'ils nous piègent. L'entremetteuse fait visionner une cassette de mariage au prétendant qui cherche une femme, et il dit : « Tiens, celle-là elle est bien… je la veux… »

Mon père me dit donc un jour :
« Loubna, il faut qu'on parle. Voilà... quelqu'un t'a demandée. Par l'intermédiaire d'un tel... Il viendra te voir à la maison, tel jour.
— Mais s'il ne me plaît pas, je peux dire non ?
— Il est mieux que ton soi-disant petit copain, en tout cas. Il a une situation et vit en Belgique. Il a presque fini ses études de biologie. C'est un homme bien ! »

Le jour où il se présente à la maison, j'ai l'impression d'être une poupée. On m'a préparée, maquillée comme une Barbie. Mon père a toujours aimé me déguiser. Il prenait les plus belles robes de ma belle-mère et me les faisait essayer. Il me coupait et me coiffait les cheveux. Il aurait voulu être coiffeur. Chaque fois, je pleurais parce qu'il m'avait loupée. Et ma belle-mère disait : « C'est bien fait pour toi, à chaque fois, tu le laisses faire. Pourquoi ? »

C'est symbolique chez mon père. Personne n'a le droit de toucher aux cheveux de sa fille, sauf lui. Il a toujours eu le sentiment que je lui appartenais. Nous n'en avons jamais parlé, c'est pourtant ce que je ressens depuis toujours. C'est une relation très particulière que je n'ai jamais retrouvée entre un père et une fille rebeu. Certainement en raison de l'absence de ma mère, mais aussi de son caractère possessif et jaloux. Il me l'a dit lui-même, il aimait tant ma mère qu'il était jaloux de tous les autres hommes, par principe.

Le prétendant arrive. Je l'attends dans la

chambre. Une mise en scène que je ne supporte pas. Je me demande ce que je fais là, comme une pauvre fille du bled qui n'a pas son mot à dire dans la vie. Ça me déplaît énormément, et je ne me sens pas du tout française à ce moment-là, récupérée par le poids des traditions. Comment faire pour me débarrasser de ce type ? Je cherche à imaginer un stratagème pour qu'il soit dégoûté en me voyant.

Il arrive. Il est moche. Je fais une grimace intérieure de dégoût. J'ai dix-huit ans et demi, il en a trente et un. Et encore je suis sûre qu'il a menti sur son âge. On commence à discuter et je joue la fille hypereuropéenne, libre dans sa tête et du reste :

« Je veux continuer à faire mes études...

— Pas de problème.

— Je n'ai pas envie d'avoir d'enfants.

— Pas de problème.

— Je suis quelqu'un de très libre, personne ne décide à ma place... »

Il répond toujours « pas de problème » à toutes mes provocations.

Libre ! C'est pas vrai... libre de quoi ? Je suis enfermée à la maison et dans le quartier. Mais je me dis que c'est la seule stratégie à adopter pour le dégoûter, lui faire comprendre que lui et moi n'avons pas du tout la même conception de la vie, qu'il est arrivé du bled en Belgique pour faire ses études, et que moi je suis française, née en France.

Il a un accent rebeu assez prononcé et n'a pas

l'habitude des filles comme moi. Je commence à militer, donc j'ai acquis une certaine finesse dans la négociation, un langage plus structuré que le sien, et j'enfonce le clou tant que je peux :

« Je compte continuer mes études, j'en ai pour plusieurs années, donc je n'aurai pas d'enfants avant très longtemps. Et il faudra que tu subviennes à mes besoins pendant ce temps — m'habiller, me nourrir, assurer mes frais de déplacement. En es-tu capable ?... »

Puisqu'il est soi-disant étudiant, je joue là-dessus.

Il répond « oui, oui » à tout et me désespère. Sur ce, après cette conversation qui dure trois quarts d'heure, mes parents le retiennent dans le salon, et moi je reste dans la cuisine avec une amie de mes parents :

« Alors, il est bien ?

— Je ne sais pas, je ne le connais pas.

— Tu sais, c'est mieux pour toi. Il faut que tu te maries, tu as l'âge, c'est fini les bêtises. Il va falloir que tu te ranges, que tu fasses ta situation... »

Jusque-là, je croyais cette femme assez émancipée, je ne l'imaginais pas pouvoir me dire de telles choses.

Et mon père demande à son tour :

« Alors ?

— Je ne sais pas. »

Et c'est là que je me fais piéger, je suis dans une impasse. La veille, mon père m'a dit : « Il est mieux que l'autre », il me cherche et je ne sais pas quoi lui dire.

« Allez, tu veux, je sais que tu veux, hein tu veux ? »

Et je ne réponds rien.

« O.K., d'accord, tu veux. »

Et je ne dis toujours rien. J'aurais pu dire non, j'aurais pu dire oui, mais voilà je n'ai rien dit. Je me rends bien compte que tout le monde parle de moi, qu'on me taille une réputation tous les jours, en forme chuchotée : « C'est une pute, c'est sûr qu'elle a couché avec l'autre… Elle est allée chez lui, soi-disant faire la cuisine et le ménage… »

Alors que je n'ai rien fait, alors que je me préservais justement pour que ce garçon me juge convenable, pour ma réputation et celle de mon père. Pour que jamais on ne puisse dire de moi, comme des gens au Maroc l'avaient odieusement prétendu de ma mère, qu'elle était une femme légère, une de celles qui courent après de riches mariages avec des hommes du Moyen-Orient.

Beaucoup de choses passent dans ma tête et font que mon père a raison quand il dit « tu veux », parce que d'une certaine manière, je veux. Il y a de la lassitude, une surcharge de contraintes, l'impression que la petite Française que je suis n'arrivera à vivre ni comme les uns ni comme les autres. Que nous avons toujours la tête entre deux cultures et que je suis entre les deux. Alors, comme les autres, je suis à deux doigts de passer du mauvais côté de la frontière invisible. Après tout, pourquoi ne pas baisser les bras, obéir, me soumettre à la tradition du quartier puisqu'il faut couper court à la rumeur… ma mauvaise réputation ?

Mais je n'ose pas le dire. Ce n'est ni oui ni non. Alors je me sauve, une semaine ou deux après cette journée, je fais une fugue. L'homme était venu faire sa demande dans les règles et il était reparti, attendant la réponse. Je fuis. Dès que je ne vais pas bien, je m'éloigne, je l'ai toujours fait. Ce ne sont pas vraiment des fugues : je me sauve chez des copines pour faire le point. Car chez moi, je n'y parviens pas. Il y a la famille, les frères et sœurs, les obligations quotidiennes, tout ce qui m'emporte dans une routine abrutissante pour l'esprit. Donc, j'ai pris l'habitude de partir un jour, deux jours, trois jours chez des copines, et je réfléchis et je rentre après réflexion.

Je vais dormir cette fois-là chez mon amie Afida. Sa mère m'aime beaucoup, je fais partie de la famille. Je n'ai pas prévenu mon père, mais il me connaît, il sait que j'ai besoin de réfléchir. De toute façon, je suis majeure. Avant, quand j'étais plus petite, il me cherchait ; il ne le fait plus. Il me connaît, je lui ai toujours dit : « Papa, quand je pars, ne te fais pas de souci, c'est que j'ai besoin de réfléchir. »

Donc il ne me cherche pas, mais il prend mon frère avec lui et va voir mon flirt :

« Voilà, je compte marier ma fille, mais si tu la veux, tu es le bienvenu. Si tu veux quelque chose de sérieux avec elle, pas de problème. »

Et l'autre répond :

« Non, je ne suis pas prêt. Je ne lui ai jamais promis de me marier avec elle. »

Je rentre, mon père me raconte la scène et mon frère me la confirme. Je m'effondre, c'est le retour à la case départ. Moi je croyais tout de même dans un petit coin de ma tête que fréquenter un garçon « honnêtement », cela voulait dire « mariage »... C'est raté.

Alors j'ai laissé les choses se faire. Quelques jours après, je me suis retrouvée à la mairie pour demander un dossier de mariage sans aucun enthousiasme. Je m'en fichais. J'étais en pleine déception sentimentale. J'avais tout fait pour que ce garçon m'épouse, et finalement j'avais perdu mon temps.

Mon père n'avait donc pas tort : il vaut mieux ne pas fréquenter les garçons, ça se retourne contre toi même si tu n'as rien fait. La tradition m'a rattrapée et je devais rentrer dans le rang.

Un mois plus tard, on se mariait à la mairie, en France. Le mariage civil ne consacre pas véritablement une union chez nous, nous étions donc supposés la concrétiser l'été suivant avec la cérémonie traditionnelle au bled.

Après la mairie, nous avons fait la fête dans un restaurant marocain. Je n'ai vu cet homme qu'une fois, et un mois après j'étais mariée. Je ne m'en rendais absolument pas compte. C'était plutôt agréable : on s'est occupé de moi, on m'a emmenée chez le coiffeur, on m'a fait maquiller... Je me laissais faire en souriant aux uns et aux autres, comme anesthésiée, comme si tout cela n'avait aucune importance.

J'ai réalisé l'énormité de ma bêtise dès le lendemain matin, en me réveillant, en voyant l'alliance à ma main. Je me suis dit : « Tu es folle ! Tu ne te rends pas compte que tu es en train de détruire ta vie. Qu'est-ce que tu vas devenir ? »

Je suis mariée officiellement puisque je suis passée à la mairie. Mais mon mari est un époux virtuel, il est reparti après la cérémonie. La nuit de noces n'est pas obligatoire tant que le mariage traditionnel n'est pas célébré. À l'époque, je suis encore interne au lycée professionnel. Je reprends donc mes cours le lundi matin comme d'habitude. Il ne faut surtout pas que mes copines le sachent. J'ôte mon alliance, avec l'impression enfantine de tout annuler en faisant cela, et je reprends mes bouquins et mes cahiers, mes baskets, mes stylobilles et ma tristesse. Je croyais que mon petit copain m'aimait, alors qu'il ne veut pas de moi. La seule personne extérieure à la famille qui soit au courant est ma copine Afida. Nous sommes très proches : même classe de seconde redoublée, même échec, même BEP, et elle a été mon témoin.

Quelques jours plus tard, c'est le recensement à l'école, et je mens. J'inscris « mademoiselle Meliane Loubna ». La proviseure m'appelle dans son bureau :

« Vous ne pouvez pas inscrire ça, vous êtes mariée maintenant ! J'ai vu votre photo dans le journal avec l'entrefilet annonçant votre mariage… »

Je n'y avais pas pensé ! Je réponds très vite :

« Oui, mais je garde mon nom de jeune fille, c'est plus simple pour l'administration.

— D'accord pour l'administration du lycée, mais pour le recensement vous êtes obligée d'indiquer “madame” et votre nom de femme mariée. »

J'ai rempli la feuille de recensement à ce nom. C'est la seule fois de ma vie où je l'ai écrit. Je me donnais l'excuse de ne pas avoir fait de mariage religieux, et je la servais aux autres comme une évidence. J'étais « mademoiselle », je suis toujours « mademoiselle » !

Quelque temps après ce mariage, ce sont les vacances scolaires de Pâques. Mes parents vont en Italie et on m'envoie chez le « mari » en Belgique. La réalité me rattrape. Il a le droit de recevoir sa fiancée, cet homme-là, ce sont des choses qui se font.

Je prends le car pour la Belgique et je pleure pendant tout le trajet. Je ne veux pas accepter. Je déprime. J'ai même trouvé un nouveau copain à l'école, un flirt sans importance mais qui me conforte dans le sentiment que je suis toujours libre, que je peux discuter, marcher dans la rue avec un copain bras dessus, bras dessous. Si mes parents le savaient, je me ferais incendier !

J'arrive en Belgique de nuit, épuisée, et j'attends ce drôle de type pendant une heure. Il ne me plaît toujours pas, il est vieux, et moche. Je déclare que j'ai besoin de dormir, et que je ne veux pas le voir. Effectivement, je dors toute la journée dans une des chambres de la maison où il vit avec plusieurs colocataires. Heureusement, je ne suis pas dans la sienne, on m'a prêté un lit ailleurs. Le soir, il m'explique que je dois m'installer dans sa propre chambre, que les autres pièces, dont celle où j'ai dormi, sont louées par d'autres étudiants. Je propose alors de dormir par terre et de lui laisser son lit… Sa contreproposition est de me laisser le lit et de dormir par terre…

Il installe un couchage de fortune, et s'énerve :

« Je ne vois pas pourquoi je ne dormirais pas avec toi ! »

Il se lève et se jette sur moi. Je panique.

« Tu es ma femme !

— Quoi ? Je ne suis pas ta femme, on n'a pas fait de mariage ! Tu ne m'approches pas, tu ne me touches pas !

— Si ! Tu m'embrasses et je dors avec toi. »

Je n'ai jamais eu autant de force de ma vie. Je l'ai repoussé du pied, je me suis dégagée en une seconde et j'ai filé dehors en pyjama pour téléphoner à mon père en Italie, en pleurant :

« Papa, c'est pas possible, il faut que je rentre, je ne veux pas. »

Quand je pleure, j'étouffe, j'étais en train de faire une véritable crise d'asthme au téléphone.

« Calme-toi, je vais l'appeler tout de suite, et dès demain, il te prendra un billet pour que tu nous rejoignes en Italie. »

J'étais toute seule dans Liège en pyjama, avec mon sac sur l'épaule. Je m'étais réfugiée dans la première cabine téléphonique et je ne voulais plus retourner dans cette maison. J'étais morte de peur, je réalisais enfin l'horreur de ma situation. Jamais je ne pourrais céder ma précieuse virginité à cet homme-là, pas à lui. Il me fallait de l'amour, du vrai, pas ce simulacre de mariage !

Alors j'ai fait les cent pas dehors en pyjama, pour laisser le temps à mon père de l'appeler. Quand je suis rentrée, mon futur ex-mari faisait une drôle de tête, mais a accepté que je dorme dans une autre chambre. Donc c'était possible et il m'avait piégée ! Je n'ai pas fermé l'œil de la nuit, tremblant de peur qu'il ne recommence.

Le lendemain, j'ai pris le car pour l'Italie, et j'ai appris en arrivant que ce sournois avait appelé mes parents pour leur dire que j'étais dingue, qu'il avait fouillé dans mes affaires, et avait trouvé un paquet de cigarettes américaines. Je n'étais donc qu'une mauvaise fille ! Il ne leur a rien appris, je ne me suis jamais cachée de fumer. Heureusement, le salaud en a rajouté :

« Et si elle était droguée ? Quand on commence par fumer des cigarettes… Je suis sûr qu'elle n'est plus vierge, c'est pour ça qu'elle n'a pas voulu… »

Je me suis tout de suite plainte à mon père du comportement de ce «sale type» :

«Tu te rends compte ! Il a essayé, ce n'est pas normal, pas avant le mariage religieux !

— C'est ton mari, il fait ce qu'il veut !

— Je veux divorcer.

— Comment ça ? Tu ne réalises pas ! Tu n'avais qu'à dire non dès le départ ! Tout le monde était au mariage, c'est la honte ! Tu veux que tout le quartier en parle ?»

De retour en France, j'insiste fermement. À l'idée de me retrouver coincée au bled dans une cérémonie religieuse traditionnelle qui me priverait de tout argument, même fallacieux, j'en ai les jambes qui tremblent.

«Je veux divorcer, papa ! J'ai rien fait, c'est un mariage blanc, on annule et c'est fini !

— Ah oui, tu veux divorcer ! Alors quitte la maison !

— D'accord, je me casse.»

Nous sommes butés, mon père et moi. Je commence à faire ma valise sans savoir où aller. Je vais finir mon internat, et après ? Et les jours de congé, les dimanches ?... Et comment survivre ? Ma belle-mère a une réaction extraordinaire à cet instant. Elle affronte mon père :

«Tu imagines la honte sur nous si ta fille est dans la rue ? Elle reste ici. Et vous allez vous mettre d'accord tous les deux.»

Nous n'en parlons plus pendant quelques

semaines. Je suis interne. Je continue à aller à mes réunions de militants à Paris, de fait je suis de moins en moins là. Ils ne me voient presque plus. Plus j'ai de réunions, mieux je me porte. Mais j'ai eu beaucoup de chance dans cette histoire. Mon « mari » avait prétendu ne pas avoir de problème de résidence en Belgique ni dans la communauté européenne. En fait, il n'avait qu'un statut d'étudiant en Belgique, ce qui revient à dire que, ses études terminées, il devait partir. Voilà pourquoi à trente ans passés il était encore étudiant, et pourquoi il était si impatient de se marier, pour avoir des papiers. Mon père et moi nous étions fait gruger par une marieuse à l'affût. Elle avait dû vanter mes mérites auprès de son candidat : « Marie-toi avec elle, elle n'a pas de mère, sa belle-mère ne t'embêtera pas, elle n'a pas une trop bonne réputation en ce moment, profites-en. »

Et un jour, mon père a reçu un courrier de la caisse d'allocations familiales : « Vous nous devez six mille francs de trop-perçu d'allocations pour votre fille. »

Sans comprendre ce qui se passait — j'étais encore scolarisée et à sa charge, et j'avais dix-neuf ans —, il est allé demander une explication. « Ce n'est pas par rapport à la scolarité de votre fille, lui dit-on, c'est parce qu'elle et son époux ont touché le RMI.

— Quoi ? Ma fille n'a jamais touché le RMI ! Elle vit chez moi, je paie son internat ! »

À la fin de cet imbroglio, nous avons découvert

que ce salopard avait fait établir des papiers derrière mon dos. Il était allé jusqu'à mon lycée demander un certificat de scolarité, que le secrétariat lui avait délivré, pour demander le RMI en son nom. Il avait aussi déposé un dossier de demande d'accession à la nationalité française, ayant épousé une Française. Il avait signé à ma place et se présentait avec sa nièce qui se faisait passer pour moi. Il avait ouvert un compte joint à nos deux noms. Il n'avait fait que des faux. Ça m'a sauvé la vie.

J'ai d'abord envoyé un courrier au procureur expliquant que c'était un mariage où l'on avait abusé de ma bonne foi, que j'avais la preuve de la non-consommation de cette union, etc. L'histoire a duré des mois. Avec mon père, nous n'en parlions plus, mais il m'avait dit : « Vas-y, tu as le feu vert, fais ce que tu veux. » On avait abusé de lui et abusé de sa fille, il se sentait mal.

À la suite de ma lettre au procureur, j'ai été convoquée au commissariat de police pour témoigner. Il était menacé de reconduite à la frontière. Normal, j'avais tout raconté : le RMI, les faux papiers et le reste... Alors, pendant des jours et des jours sa famille est venue s'apitoyer chez nous. « Le pauvre, il ne voulait pas te faire de mal, il attendait que tu te décides à vivre avec lui, c'est normal, il a l'âge de se marier, et s'il ne finit pas ses études en Europe, il n'aura pas de situation. »

Alors j'ai craqué. Je me sentais coupable aussi d'avoir dit oui comme une imbécile, juste pour ne pas être mal vue, pour que ma tête ne dépasse pas du rang des filles bien du quartier. J'ai retiré ma plainte. J'ai dit que j'avais accusé mon mari à tort. J'ai été reconvoquée devant le procureur qui m'a demandé ce que c'était que cette histoire. Je me suis excusée.

« Mais ça ne suffit pas vos excuses, vous savez que vous risquez de faire de la prison pour fausses accusations ? »

Je pense qu'il avait compris que je subissais la pression des autres, et il voulait que je le lui dise en face. J'ai répété que c'était de ma faute, que je m'étais disputée avec lui ; la mort dans l'âme, je suis restée mariée sur le papier près de deux ans, avant d'obtenir le divorce. Mais il n'aura jamais la nationalité française, il est « grillé ».

J'ai eu de la chance de m'en sortir et surtout de ne pas avoir cédé cette nuit-là en Belgique. Il aurait voulu probablement me piéger en me faisant un enfant. Là, il était sûr d'obtenir la nationalité au bout d'un an. Plutôt que d'interdire le mariage mixte, la loi devrait protéger plus les femmes, ici et au bled. La plupart des filles se font coincer dans leur « pays d'origine », à cause des papiers français qu'on leur confisque. Notre malheur, c'est que l'ambassade considère que, là-bas, nous ne sommes plus françaises. Combien la république a-t-elle abandonné de filles aux mains de leur « mari forcé » ?

Au cours d'un débat sur la question de la sexualité, une fille nous a raconté qu'elle avait été mariée, ayant cru comme moi que c'était la seule solution pour s'échapper de chez elle. Elle est tombée sur un ignoble mec qui en plus la frappait. Et le jour où il a obtenu ses papiers, il a fichu le camp en la laissant toute seule avec son enfant. Des histoires de ce genre, j'en ai entendu régulièrement.

Il y a aussi le problème des familles : une fille rebeu ne peut pas se marier sans l'accord de ses parents. Elle le pourrait en s'enfuyant, mais où aller ? Où manger, où dormir ? Tant qu'elle n'est pas émancipée par un travail, et qu'elle n'est pas sortie du quartier, ce n'est pas évident. Et puis, elle aime ses parents, elle aimerait bien avoir leur accord pour être heureuse.

La sœur d'une de mes copines, d'une famille algérienne hypertraditionnelle, était tombée amoureuse d'un Marocain. Son copain était venu faire sa demande en mariage, avec son père et sa mère, très convenablement. La famille avait répondu : « Non, on ne veut pas de Marocains », et l'avait jeté dehors comme un malpropre. C'était toute une histoire dans notre quartier. Une autre de ses sœurs a fait « pire ». Elle est partie avec un « Blanc » et a été complètement bannie par la famille. Ma copine, elle, est arrivée à ses fins. Ça a été très long, très dur, mais elle est arrivée à faire accepter son copain, marocain lui aussi, dont elle était folle amoureuse. Elle avait compris que la manière forte ne marcherait pas. La manière douce lui a pris deux ou trois ans, mais elle s'est mariée avec l'amour de sa vie.

Une autre de mes copines, qui venait d'un village voisin, était au même lycée que moi. Son père était raciste, et voilà qu'elle tombe amoureuse d'un rebeu ! Ils cachent leur histoire d'amour pendant cinq ans. Ce n'est pourtant pas elle qu'il va épouser, mais une fille qui lui ressemble : sa mère n'a jamais accepté qu'il sorte avec une Blanche… Alors que ma copine, elle, s'est battue, à l'intérieur de sa famille, pour imposer son amour. Je pense que ça a été pareil pour lui. Mais il a craqué à cause de sa mère.

Je dis souvent que la seule façon d'être sûre d'avoir l'homme que l'on aime dans sa poche, c'est d'avoir sa mère dans sa poche. Si on ne l'a pas, c'est fichu. Les garçons sont encore plus influencés par leur mère que les filles. Ils la mettent sur un piédestal, ont du mal à leur désobéir, et elles les tiennent de cette manière. Il est important pour nous de faire évoluer les mentalités des mamans, elles sont responsables de beaucoup de choses. Le racisme culturel est aussi de leur côté.

Les rebeus ont un vrai problème avec ça, qu'ils doivent régler. Il n'y a pas de soucis au départ, mais dès qu'il s'agit d'une relation sérieuse, que ça dure, là, la mère s'en mêle ! Les filles ne sont pas les seules victimes des traditions, les garçons n'y échappent pas non plus. Combien de garçons ont dû souffrir de devoir épouser une fille dont ils ne voulaient pas ? Eux aussi sont malheureux.

Comme nous sommes malheureuses d'être obligées de céder. Mais une fille se bat davantage.

Personnellement, j'ai envie que mes enfants aient la même double culture que celle que j'ai eue. Encore plus accentuée que la mienne, j'espère. C'est ce qui les rendra plus riches et plus forts. Pour moi, le métissage est important. Ils accepteront beaucoup plus de choses et ils seront plus tolérants. Parce qu'ils auront baigné dans cette double culture et qu'on aura trouvé un équilibre entre les deux.

Je ne me suis jamais considérée comme étant mariée, mais je m'en suis voulu longtemps. J'étais en colère contre moi, parce que cet escroc a gagné au final, en obtenant ce qu'il voulait. Sur le coup, je m'étais dit que porter plainte était la meilleure solution pour me libérer, mais honnêtement, j'étais face à un dilemme. Je commençais à militer à SOS Racisme, où l'on rencontre forcément des gens en situation irrégulière. Et je me disais : « C'est toi qui vas renvoyer quelqu'un au bled ? C'est toi qui vas le reconduire à la frontière ? Comment vas-tu pouvoir t'endormir avec ça sur la conscience ? » Je culpabilisais.

Dans le quartier, ce n'était pas facile tous les jours. Je savais que mon père me faisait confiance, mais il y avait les autres... il n'allait pas se battre en trimballant mon certificat de virginité ! Le mal était fait. Pour eux, j'étais une pute, j'avais forcément couché avec mon copain. C'est le militantisme qui m'a permis de réagir. Sinon, j'aurais terminé comme les autres. On se retrouve toujours confronté à cette même situation où, assis entre deux chaises, un garçon de quartier peut basculer dans la petite délinquance et une fille dans un mariage convenu.

J'ai eu la chance de rencontrer les bonnes personnes au bon moment dans mon syndicat des lycéens. C'était un an avant le grand mouvement lycéen, j'allais aux réunions régulièrement. Et j'avais honte dans ce milieu de dire que j'avais craqué. Pour moi, c'était une faiblesse. Je me rendais bien compte que ce n'était pas moi, cette gamine perdue devant l'opinion d'une communauté et d'un quartier.

Je me croyais différente, parce que née en France de parents ouverts d'esprit. Ma mère se croyait libre elle aussi, du peu que j'en sache, elle n'a pas résisté à la pression sociale.

Alors je me devais de réagir. Cette colère, cette insoumission latente que je portais en moi depuis l'enfance, devaient servir.

Ce sont toujours les femmes dans les sociétés oppressives qui se dressent pour réclamer leurs droits. J'avais une grande gueule qui, jusque-là, ne m'avait pas été utile à grand-chose, puisque je passais mon temps à la réprimer.

Il était temps de l'ouvrir.

Prendre la parole, ça soulage

Sur ma réorientation en lycée professionnel, je n'ai pas dit un mot. J'ai laissé les choses se faire. J'ai eu l'air de baisser les bras, mais l'air seulement. J'agis toujours instinctivement... la réflexion vient parfois immédiatement après l'action. Je crois savoir pourquoi : j'ai lu quelque part, dans un des livres à dix francs que mon père ramenait inlassablement à la maison pour mon orthographe, que les femmes se défendent en attaquant, tout en faisant mine de capituler[1].

Très vite, je m'aperçois que je ne m'épanouis pas en comptabilité. J'ai besoin d'apprendre beaucoup d'autres choses. Je suis frustrée. Je n'ai plus que deux heures d'histoire-géographie et quatre heures de français par semaine. Tout le reste est technique. La comptabilité, les études de cas, les

1. « Les femmes se défendent en attaquant et leurs attaques sont faites d'étranges capitulations. » (Oscar Wilde, *Le portrait de Dorian Gray*.)

exercices comptables, ce n'est pas mon truc. Je suis là parce qu'on m'a dit d'aller là. Je ne le regrette pas aujourd'hui, parce que j'ai appris à taper sur un ordinateur avec mes dix doigts, que je connais beaucoup de logiciels et que, au moins, j'ai acquis une formation qui me sert actuellement. Mais enfin bon, la comptabilité, c'est pas mon truc.

Je fais alors l'expérience d'une chose qui va se vérifier par la suite, et que je partage avec un grand nombre de gens, je crois : quand je rencontre un problème, un coup dur, j'ai souvent, ensuite, une sorte de déclic. Voilà comment j'ai commencé à militer… Après le mariage, l'orientation, j'ai eu besoin de réagir à ma manière.

Depuis plusieurs années, je suis déléguée de classe. C'est donc naturellement que j'ai décidé de voir ce qu'il y avait au-dessus.

Je ne sais pas vraiment comment m'y prendre. Je me présente comme représentante lycéenne au conseil d'administration du lycée et je suis élue. Et puis j'ai appris qu'une fois déléguée de classe, on pouvait aussi se présenter pour devenir « grand électeur ». Qu'à cela ne tienne ! Je ne savais pas vraiment à quoi ça correspondait mais ça me disait bien d'être « grande électrice ». Je me disais que ça me permettrait de mieux défendre les élèves. Alors, à la dernière minute j'ai envie d'y aller, je ressens comme une poussée d'adrénaline. Et c'est la révélation : quand je parle, on m'écoute. Voilà quelque chose de neuf. De bien. De jubilatoire. Les élèves me comprennent, je sens que le courant passe. Que je leur apporte quelque chose en formulant à voix haute, en notre nom à tous, ce que nous ressentons tous, ce que nous voulons tous, ce que nous ne supportons plus. J'existe, j'ai l'impression d'être importante et, surtout, que ce que je dis a de l'importance.

Mon premier cheval de bataille, c'est la reconnaissance de l'enseignement professionnel. Je crois bien qu'au départ, c'était pour prouver à mon père que je pouvais m'en sortir. Il ruminait sa déception et croyait que je ne m'en sortirais pas dans la vie. Or ce n'était pas avec un brevet de comptabilité que je lui prouverais quelque chose, il me fallait un but. Cet enseignement professionnel que je n'acceptais pas pour moi-même parce qu'il avait mauvaise réputation, je me suis dit que plus je lui donnerais bonne réputation, plus je l'accepterais, et plus mon père l'accepterait à son tour !

L'enseignement professionnel a grand besoin d'évoluer : certaines filières sont surréalistes : on ne comprend même pas leurs noms ! Des milliers de filles et de garçons s'y retrouvent sans trop savoir ce qu'ils y font ! La seule chose qu'on leur a bien fait comprendre, c'est que s'ils sont là, c'est parce qu'ils ont échoué avant. Croyez-moi, cela ne motive pas trop... Je ne suis pas contre l'enseignement professionnel, au contraire, c'est une bonne chose d'avoir des gens qualifiés pour des tâches précises, et la faculté de lettres ou des sciences n'est pas un passage obligé. On peut y apprendre un vrai métier, et il y a des patrons artisans qui offrent désespérément du travail dans tous les domaines, sans trouver de gens qualifiés. Alors, comment faire pour qu'un gamin de quartier choisisse de gagner sa vie comme plombier, boucher, électricien, charpentier, ou je ne sais quoi d'utile à lui et aux autres, au lieu de livrer éternellement des pizzas sur une mobylette ?

D'autre part, j'en voulais énormément à ce proviseur de m'avoir écartée du cursus général. Il me privait d'un baccalauréat que je voulais offrir à mon père comme une médaille d'honneur de la réussite d'une petite rebeu de quartier. Je ruminais sur l'exclusion. Il m'apparaissait évident que certains enseignants, certains établissements, nous considéraient *a priori* comme incapables d'accéder à un bon niveau, et qu'ils n'attendaient qu'une chose, la date limite de consommation — l'âge de seize ans où enfin l'école n'est plus obligatoire — pour nous dégager ! Je pensais à tous ceux avec qui j'ai grandi au collège, et que je voyais toujours traîner dans la même cage d'escalier à se demander ce qu'ils allaient devenir, alors qu'ils ne sont pas plus bêtes que les autres. À tous ceux qui se sont retrouvés en prison pour des trafics de cartes bleues, des braquages imbéciles, parce que dans les quartiers, on est toujours à deux doigts de passer du mauvais côté. Et à cause de ces deux doigts qui leur manquent au moment crucial, ils se trouvent rejetés dans la facilité. Le *deal* de shit leur paraît tellement plus facile pour devenir indépendant ! Et le résultat, c'est l'abrutissement total d'une catégorie de jeunes, l'acceptation du fatalisme, la banalisation de la violence. Ils sont dans le « gazon » toute la journée. Chacun sait qu'il y a un énorme commerce de shit dans les quartiers, une énorme économie parallèle qui rapporte à beaucoup de monde. Les pouvoir publics sont au courant mais j'ai l'impression qu'ils ne mesurent pas l'ampleur du problème. Le trafic de shit sape toutes nos valeurs.

On ne peut pas penser quand on a fumé toute la journée, que le premier joint est à midi et le dernier à deux ou trois heures du matin ! Certains sont arrivés à un tel stade de dépendance qu'ils ne sont même plus capables de l'admettre. J'ai vu des gamins se conduire comme des barbares, alors qu'à jeun ils étaient formidables. Ils ont abandonné l'école à seize ou dix-sept ans, surtout les garçons, parce qu'on les a collés au fond de la classe et qu'ils se sont retrouvés en bande dans leur collège ghetto, leur quartier ghetto, sans ouverture d'esprit. Si, pris individuellement, un jeune de quartier est capable de réfléchir, en bande c'est fichu.

En tout cas, mon engagement prend de plus en plus d'importance jour après jour. Je ne fais plus que militer, militer, militer.

Arrive l'élection au Conseil académique de la vie lycéenne, le CAVL. Tous les grands électeurs (donc moi), élus dans leurs établissements peuvent s'y présenter. Là, il y a un peu plus de candidats… Mais je me lance, pleine de conviction. Et je me retrouve élue ! Je ne sais pas réellement ce que c'est, comme les autres d'ailleurs. C'est à la première réunion avec la rectrice, qui nous explique en quoi ça consiste, que je découvre l'essentiel, que ce conseil académique de la vie lycéenne est une instance consultative, donc qui ne décide de rien…

L'académie de Dijon, comme toutes les autres, a ses vingt représentants. Chaque instance fonctionne de manière différente, et les vingt élus sont chargés de nourrir ce fonctionnement, d'avoir des idées, des propositions, des projets…

Nous sommes pas mal d'élèves assez motivés et commençons à instaurer un vrai travail de fond sur les droits et les devoirs des lycéens, avec la mise en place d'une plaquette, en partenariat avec le rectorat. La rectrice d'académie nous a attribué l'enveloppe nécessaire pour le faire. Nous avons aussi des réunions en dehors du conseil académique où l'on peut aborder les questions techniques. Pourquoi, par exemple, un élève qui habite à quatre kilomètres neuf cents n'a-t-il pas droit à la carte de transport gratuite, limitée à cinq kilomètres ? L'élève est obligé de prendre le bus et il n'a pas forcément les moyens de le payer ! Comment sont distribuées les bourses et les aides ? Comment fonctionne l'administration ? Comment fonctionne le rectorat ? Comment, comment, comment, et pourquoi, pourquoi, pourquoi ? Voilà les mots qui nous venaient aux lèvres.

Nous préparions nos questions le matin, les donnions à midi, la rectrice appelait les personnes compétentes et l'après-midi nous avions les réponses. C'était bien d'obtenir ces réponses, mais nous nous sommes rendu compte que personne ne savait ce qu'était le CAVL. Même nous qui en étions les élus ! Nous sommes donc partis dans une première campagne d'explications sur les instances lycéennes, pour que l'exercice de la démocratie lycéenne soit effectif sur le terrain et pas seulement dans les articles.

Les lycéens ont le droit de réunion, le droit de monter des associations, le droit d'affichage... Et ils ne le savent pas. Avec un ami aussi passionné que moi, Clément, nous étions de vrais acharnés de la communication, et nous adorions ça. Nous sommes tombés sur un homme sympathique qui travaillait au rectorat et préparait avec nous les réunions, nous aiguillait dans telle ou telle direction. Il nous a, par exemple, suggéré de faire une plaquette non seulement sur les droits mais aussi sur les devoirs des lycéens : l'assiduité, le respect du règlement intérieur, des professeurs, de l'équipe pédagogique, la présence aux heures de cours, etc. Nous y avons travaillé toute l'année pour la présenter au salon annuel de l'orientation, le MOTIVA, qui regroupe tous les professionnels, les chefs d'entreprise, l'armée. Les jeunes vont de stand en stand se renseigner sur les formations. Ce sont surtout les troisièmes des collèges ou les terminales qui en ont besoin au moment de l'orientation scolaire. Nous avions un stand et deux jours pour animer des débats. C'était passionnant pour moi, je me sentais à l'aise comme un poisson dans l'eau.

Nous étions une nouvelle génération, plus responsable, plus mature, nous souhaitions être partie prenante de la vie lycéenne. Non en décidant à la place du proviseur ou des professeurs, mais en étant consultés puisque la majorité de notre temps se vit au lycée. Nous étions assez prétentieux, dans le bon sens du terme. Les débats tournaient sur les rythmes scolaires, le contenu des savoirs, la surcharge d'élèves dans les classes, les équipements scolaires et les établissements complètement délabrés ! Chacun a besoin de se sentir bien dans un établissement scolaire ; si l'on n'a pas de respect pour son école, on n'y fait rien. Si l'on n'a pas de respect pour ses professeurs, on n'y fait rien non plus... Mais si le professeur a plus de trente-cinq élèves, il ne peut pas s'occuper de tout le monde, et forcément, certains se découragent.

Je reconnais volontiers que j'étais plus passionnée par ce genre de débats que par la comptabilité... Je commençais à me sentir exister réellement, avec l'idée que je servais à quelque chose. Mon père s'inquiétait toujours de mes résultats scolaires, mais je voyais bien qu'en même temps il était un peu fier de sa fille.

Après le salon MOTIVA, je reçois un courrier de la FIDL (Fédération indépendante démocratique lycéenne), le syndicat lycéen, qui m'invite à un colloque organisé en partenariat avec le ministre de l'Éducation de l'époque, François Bayrou, sur la question de la violence.

La violence, on en parlait déjà beaucoup, depuis le drame du jeune Nicolas Bourgat, poignardé le 9 septembre 1996 à Marseille, qui avait créé une émeute chez les jeunes. La FIDL avait entrepris une campagne intitulée « Plus puissant que la violence, le respect ». Elle organisait un grand colloque, qui durait tout un week-end, avec cinq cents élus des CAVL. Notre déplacement était payé par le rectorat ; Clément et moi étions heureux d'y être invités, car nous nous sentions un peu isolés dans nos activités.

Et là, en voyant ces cinq cents lycéens — y compris les élus des DOM-TOM —, rassemblés par une organisation qui avait la capacité et les moyens de faire ça, j'étais sidérée. Je me suis dit : « C'est à la FIDL qu'il faut militer, je ne vais pas rester toute seule dans mon coin ! » L'envie de passer à une autre étape a commencé à germer en moi.

Le colloque se déroulait à Paris, au lycée Diderot, dans un immense amphithéâtre. Quand j'ai vu ce lycée, je l'ai trouvé magnifique. Et en même temps ça m'a fait mal au cœur. Je n'arrêtais pas de dire à Clément : « Pourquoi on n'a pas ça, nous ? Pourquoi eux et pas nous ? »

C'est dur de grandir avec cet état d'esprit, « pourquoi eux et pas nous ». Au final, une forme de haine s'installe, et il est difficile de ne pas se laisser envahir par elle, de prendre du recul. C'est le système, et il est injuste !

Si on ne bascule pas, c'est que l'on a encore de l'espoir, que l'on espère faire bouger les choses. Il ne s'agit pas de faire des discours de révolte stériles, sans jamais rien faire pour que cela ne change. Je n'ai jamais fait partie de ceux qui préfèrent traiter les autres de pourris plutôt que de remonter ses manches et de se mettre au boulot.

Moi, j'espérais et j'espère toujours faire bouger les choses. À l'époque, je ne me voyais pas militer dans un parti politique, je n'en étais pas arrivée à ce stade de prise de conscience. Je n'avais même pas encore voté. Mais j'avais une motivation bien ancrée, j'étais prête à me battre pour mes copains de quartier, pour l'amélioration de leurs conditions d'études, pour des classes, des amphis, des ateliers professionnels et des enseignants intelligents et motivés par l'orientation des jeunes des quartiers.

Il y avait à ce colloque un atelier racisme et sexisme. J'y suis allée, et j'ai eu la chance d'entendre le discours de Fodé Sylla, président de SOS Racisme à l'époque : c'était ma première rencontre avec cette association. J'étais enthousiasmée.

Cependant, j'ai mis beaucoup de temps avant d'adhérer à la FIDL. Le colloque s'était tenu à Diderot en milieu d'année 1996-1997 et j'ai adhéré l'année suivante. Cette fois, j'étais syndiquée. La cotisation, environ quarante francs par an, je ne l'ai même pas payée car je ne les avais pas ! Mais on n'interdit pas aux gens de militer parce qu'ils n'ont pas les moyens de payer leur carte. La première fois que j'ai mis les pieds à la FIDL, j'ai adoré l'ambiance. Je débarquais de ma province dijonnaise à Paris, je me trompais de métro, je ne trouvais jamais le bon bus, mais j'étais dans un état d'heureuse excitation à l'idée d'avoir un vrai but, de sortir de mon quartier pour rencontrer des gens différents. Ils ont un local où il y a toujours beaucoup de monde, venu des lycées de la France entière. Chacun vient y discuter de ses besoins, des problèmes de sa région, de son établissement, des actions qu'il entreprend.

À la rentrée scolaire 1997, je veux aller au conseil national de la FIDL. Mais un problème survient. Un copain m'appelle à 10 heures du soir, chez moi, un jeudi, pour m'annoncer que ce conseil national a lieu le samedi. Moi, fille de famille rebeu, on ose m'appeler au téléphone à une heure aussi tardive et c'est une voix masculine ? Je m'explique, mais mon père n'a pas l'air de trouver très important un conseil national de la FIDL. Encore moins que j'y sois invitée ! Je dois me battre avec lui pour y aller. Pourtant, je me suis déjà absentée de la maison tout un week-end, j'ai une activité militante, des réunions... mais le problème, c'est qu'un garçon m'appelle à 10 heures du soir, chez moi ! C'est suspect pour mon père...

« Papa, c'est le conseil national ! C'est la FIDL ! C'est important !

— On verra, il est tard, va te coucher. »

Toute la journée du lendemain, vendredi, je ne cesse de le harceler : « Il faut que j'y aille ! Papa... s'il te plaît ! »

Je suis majeure, mais je n'ai pas le droit de sortir sans l'accord du chef de famille. Ce n'est pas parce qu'on a dix-huit ans qu'on a tous les droits. Ça n'existe pas chez nous. Une fille est majeure le jour où elle est mariée. Même en France, on nous considère toujours sous la responsabilité de la famille, et on n'échappe à ce diktat que le jour où on se marie. Encore faut-il tomber sur le bon mari ! J'en ai eu des discussions avec mon père ! On regarde toujours les informations ensemble, on a débattu sur des tas de sujets, la république, la démocratie, le droit de vote aux immigrés... mais la liberté des filles reste sur le papier !

Et c'est toujours d'actualité, il y a même un retour en arrière. Les filles qui ont fait la marche des beurs dans les années quatre-vingts, qu'on appelait « les grandes sœurs », ont maintenant entre trente et quarante ans. Elles se sont battues contre cette tradition et, aujourd'hui, elles estiment que la situation des filles est encore pire que ce qu'elles ont vécu. Elles vont à l'école. Elles obtiennent des diplômes, mais la vérité c'est qu'on les renvoie très vite à leur statut de femmes. Elles peuvent faire leurs études, mais quand il est l'heure de se marier, il est l'heure de se marier ! Elles sont de plus en plus effacées dans l'espace public. Dans les quartiers, on s'est concentré sur les garçons parce qu'on estimait qu'ils posaient plus de problèmes. On a délaissé les filles. On nous a oubliées. Et la situation s'est dégradée.

De plus, j'estime qu'avec les garçons, on n'a pas eu forcément le bon comportement. On se contente de faire de l'assistanat. « Vous vous calmez, les mecs, vous essayez de ne pas trop brûler de voitures et on vous donne des filets de basket, un terrain de foot, ou on vous envoie en vacances ! » Au lieu d'avoir des débats avec eux, d'essayer de les tirer vers le haut, on les traite en consommateurs d'activités, de sports. Je n'ai rien contre le sport, mais on ne peut pas faire que ça ! Il faut que les garçons prennent conscience qu'une fille ne peut pas vivre avec le conditionnement qu'elle subit — « la femme doit obéissance ». Les jeunes garçons, en grandissant, considèrent comme une chose normale que leurs petites sœurs soient toujours là pour les tâches ménagères. Et eux les utilisent, comme leurs pères : « Ramène-moi un verre d'eau ! » Et si on répond : « Va le chercher toi-même ! », on se fait engueuler.

Ce sont les rois de la terre, les garçons ! Moi, j'ai de la chance, je n'ai jamais eu de frère aîné, mais certaines de mes amies se battent avec leur père et leur mère, et en plus avec leur frère. Les grands frères ont pris une certaine autorité dans le noyau familial, car beaucoup de parents sont illettrés. Alors ce sont les grands frères ou les grandes sœurs qui ont géré les problèmes administratifs, ce qui leur a donné un statut plus important. Heureusement, il y a des pères qui expliquent à leurs fils : « C'est moi qui décide. Tu n'as pas à dire à ta sœur ce qu'elle doit faire, c'est à moi de le lui dire. »

Mais beaucoup de grands frères ont simplement reproduit le seul modèle qu'ils connaissaient. Alors les filles se résignent à jouer les servantes, à ne pas sortir de la maison sans autorisation, dans la culpabilité et sous le regard de l'autre. On les juge tout le temps. Au moindre faux pas, c'est l'interrogatoire : « Et pourquoi tu parles avec un tel ? Et où tu étais à cinq heures ? »

Un jour, je vais au centre-ville, pour acheter un bouquin qui n'était pas à la librairie de mon quartier. Je tombe sur mon copain Clément. On discute un peu, je lui dis au revoir et je lui fais la bise. Je rentre. Mon père rentre quelques heures après.

« T'étais où ?

— Je te l'ai dit, je t'ai demandé de l'argent pour acheter mon bouquin en ville. Voilà la monnaie, le ticket.

— À qui t'as dit bonjour ? Tu fais la bise à un type en ville ?

— Mais c'est Clément, je milite avec lui, c'est un pote, je lui ai juste dit bonjour !

— Moi, je te fais confiance, mais évite que les autres te voient et en parlent. »

C'est comme ça, pour la majorité des filles dans les quartiers ! Sous surveillance. C'est ce système qui me fait bondir. J'imagine immédiatement les gens du quartier croisant mon père dans la rue, ou au marché, et mine de rien : « Tiens, on a vu ta fille au centre-ville avec un garçon… »

Moi j'ai la chance d'avoir un père, certes soupçonneux, mais compréhensif, avec qui je peux parler de tout. Il est juste un tout petit peu possessif et craint comme tous les pères du quartier la mauvaise réputation… Il sait trop le mal que les on-dit du quartier peuvent provoquer, les malentendus que cela peut occasionner.

Mais il me laissera filer au conseil national de la FIDL.

Au moment du mouvement lycéen, en 1998, je suis en première et je milite à tout va sur les droits des lycéens, les rythmes scolaires, le cadre de vie, les locaux, la carte scolaire, etc.

Claude Allègre, qui est à l'époque ministre de l'Éducation nationale, se rend compte qu'il va falloir temporiser car ce mouvement peut prendre de l'ampleur. Il est parti de Montpellier parce qu'il y a là-bas un grand manque de professeurs de langues et un ras-le-bol monstrueux.

On a pu lire dans *Le Monde*, dans les premiers

temps du mouvement : « Les incidents survenus dans certains établissements ont fait apparaître deux mondes de lycéens ; l'un plus ou moins intégré dans la société où l'on peut "s'en sortir", et l'autre qui se sent totalement exclu. Ce phénomène de lutte des classes embryonnaire est le plus grave que l'on ait vu émerger. »

On ne demande pas la lune, rien de plus que l'égalité des chances pour tous à l'école. Et ils imaginent qu'ils l'ont donnée depuis longtemps, alors qu'elle n'est toujours pas là. C'est facile de renvoyer sans cesse la balle aux parents, aux élèves, aux professeurs, et au ministre qui la prend dans la figure et nous la renvoie ensuite avant de changer de poste. L'égalité pour tout le monde, ce n'est pas donner le même plateau à la cantine à tout le monde. La gestion de l'Éducation nationale se fait dans le désordre, au gré des régions, des académies. Chacun fait ce qui lui plaît dans son coin. C'est pour cela que la délocalisation est dangereuse. Parce qu'il y a déjà des inégalités entre les régions. Certaines sont plus riches que d'autres, donc il y a celles qui ont les moyens d'entretenir les établissements scolaires, et celles qui n'ont rien ou pas grand-chose.

L'école républicaine qui doit garantir l'égalité des chances pour tous, c'était peut-être vrai à l'époque de Jules Ferry, mais aujourd'hui ce n'est plus vrai. Si tu es fils d'ouvrier, tu resteras ouvrier, si tu es fils de bourgeois, tu resteras bourgeois. Bien sûr, il y a des exemples de réussite, mais ils ne sont pas nombreux. C'est ça le vrai problème, au-delà du fait qu'il manque des professeurs ici ou là… C'est la carte scolaire qui est discriminatoire ! L'élève qui habite dans tel quartier a droit aux meilleures écoles, et dans tel autre quartier aux écoles les plus moches.

C'est ainsi que j'en reviens aux quartiers ghettos qu'il faut absolument briser par la mixité sociale. La carte scolaire, c'est l'enfer : elle empêche tout mélange.

Et puis il y a les programmes. L'école, le collège, le lycée suivent les programmes, et finalement, on ne s'intéresse pas à ce que peuvent penser ces gamins de quartier, et comment ils vivent. C'est bien beau de dire que l'école doit être un cadre neutre, protégé et protecteur. Mais en dehors de l'école, les gamins ont une vie, qui les conditionne au présent et pour l'avenir. Qui se soucie de savoir que la mère est illettrée, ou le père au chômage ? Qui s'inquiète de la gamine épuisée par des heures de ménage, coincée à la maison et interdite de sortie, donc bloquée derrière des murs sans fenêtres sur le monde extérieur ? Personne ! À part dans *L'Instit*, mais c'est de la télé… L'aide scolaire personnalisée inexistante, le programme est le même pour tous, on ne s'occupe pas du reste. L'élève tombe obligatoirement dans un collège de proximité, celui qui dépend de son lieu de résidence, et si ce collège est une ZEP sans mixité sociale, l'enfermement dans sa communauté et son quartier est encore plus fort. L'intégration, comme ils disent, c'est par l'école que ça commence.

À l'intérieur du collège, on recrée un autre ghetto. Quand j'y étais encore élève, mon collège était quand même un peu ouvert vers l'extérieur. Il y avait des enfants des villages voisins qui créaient une certaine mixité. Mais au fur et à mesure des années, on se retrouvait dans des classes bien « blanches » avec deux, trois rebeus seulement. Ma troisième était une classe bien blanche, on était deux rebeus. Et l'autre classe, bien rebeue, où il n'y avait que les jeunes de quartier, était celle des « cas ». Si l'on concentre les « cas » dans une même classe, les bons élèves ne peuvent plus tirer les autres vers le haut. Je les entendais discuter, les garçons : « On est une classe de cas, tout le monde se fout de nous, ça sert à rien, personne ne veut nous aider. » Je me souviens d'un garçon, par exemple, qu'ils ont fait passer dans ma classe alors qu'il aurait dû redoubler pour s'en sortir. Un professeur a insisté, je l'ai entendu : « Je veux qu'il passe, comme ça dès qu'il aura seize ans, il dégage. »

La violence naît de tout cela, dans le creuset d'un communautarisme, dans la formation de bandes. Je maintiens qu'il ne faut pas mettre ensemble les jeunes de quartier. Dans cette ambiance de bandes, chacun veut en faire plus que l'autre. Même moi, qui suis une bonne élève et qui adorais l'école, je voulais me « montrer » devant tout le monde. C'était à celui qui ferait la plus grosse bêtise. « T'es pas chiche de faire ça. »

Ce besoin permanent d'indiscipline est un besoin d'exister, d'être reconnu dans le groupe. Ça nous hante. On est toujours sous-estimés, toujours considérés comme des moins que rien, toujours renvoyés à nos identités d'origine. On a besoin de ne pas se sentir seuls et exclus, et d'appartenir à un groupe d'individus qui nous ressemblent, vivent les mêmes difficultés et sont capables de nous comprendre. On ne parlait jamais de ce qui se passait dans nos familles. Certains parents étaient au chômage depuis des années, avec les huissiers « aux fesses ». Chacun d'entre nous s'est retrouvé à leur écrire des courriers : « Excusez-nous, mais je ne travaille plus depuis tant d'années, est-ce que je peux vous payer cinq cents francs par mois ? » Nous vivions tous ça, mais nous gardions notre fierté, notre orgueil. Il fallait laisser croire que tout allait bien.

Je suis entrée dans le mouvement lycéen pour changer tout cela : le contenu des programmes, l'aide scolaire, et la carte scolaire. Quand je milite, je ne pense pas à moi, mais à ceux qui arrivent derrière, à mes sœurs, à tous les gamins des quartiers.

L'année précédente, il y avait eu la « consultation Mérieux », à laquelle j'ai participé et qui était axée sur le contenu des programmes. Elle a duré un an, avec des questionnaires différents pour les responsables d'établissement scolaire, les professeurs et les élèves. Les dépouillements étaient gérés par des élus lycéens. Je faisais partie du comité d'organisation de cette consultation. Nous étions parvenus à obtenir que cette consultation ne porte pas exclusivement sur le contenu des programmes, mais aussi sur la démocratie et les lycéens. Et elle a abouti à quarante et une propositions, remises au ministre qui devait reprendre ce qu'il voulait à l'intérieur. C'était un espoir pour beaucoup de lycéens de voir évoluer l'école.

Personnellement, avec d'autres lycéens, je m'y suis beaucoup investie. Notre principale revendication était la réforme des rythmes scolaires. Il n'était plus possible à nos yeux de continuer à travailler de cette manière, avec seulement des cours magistraux. Nous avions aussi besoin de développer l'esprit critique, le débat, l'échange, d'apprendre à connaître l'« autre ». Nous ne voulions plus « apprendre idiot », réciter des cours par cœur, mais vivre le lycée comme un véritable lieu de culture ouvert sur le monde extérieur. Il y avait aussi la question de la démocratie interne, le fait qu'il fallait rénover les établissements scolaires, la violence à l'école.

Nous voulions développer des activités sportives et culturelles qui nous permettent d'apprendre autre chose, de révéler les dons de chacun. Et puis aborder des sujets d'intérêt général, des débats d'actualité, sur le contexte international, sur ce que l'on voit au quotidien à la télévision, sur tout ce que l'on vit en tant qu'adolescent, sur toutes les questions qui nous tracassent. Nous voulions comprendre le monde. Parce que les parents ne peuvent nous aider que s'ils ont les outils pour le faire — ce qui est loin d'être le cas de tous dans les quartiers — et l'école doit aussi répondre à ça. Il faut trouver un équilibre entre les deux pôles d'éducation, et arrêter de se renvoyer la balle.

Notre génération devient adulte plus tôt, prend conscience des choses beaucoup plus tôt et elle a envie d'être considérée comme adulte beaucoup plus tôt. En même temps, elle a besoin de s'adapter à certaines règles. Parce que la société fonctionne comme ça, et qu'un adulte a aussi des contraintes. Je pense qu'il faut trouver un équilibre entre la contrainte et l'épanouissement personnel.

Les enseignants, dans les quartiers, sont dépassés. Leur formation y est pour beaucoup, car tout a changé : les élèves, les profs, le monde, et ce qu'on lui « apprend à apprendre » n'a pas changé. Ils sont obligés de faire leur propre apprentissage sur le tas et découvrent non seulement notre propre remise en question, mais aussi les leurs. Aujourd'hui, on ne peut plus dire à un professeur qu'il doit se contenter d'enseigner telle ou telle chose, il a besoin aussi d'un peu de psychologie, de beaucoup de patience et d'autorité. C'est une vocation d'être professeur. Et il semblerait qu'il y ait de moins en moins de vocations. C'est normal, on dégoûte rapidement les nouveaux profs en les mutant directement dans des ZEP, où c'est très dur. Il faudrait plutôt y envoyer ceux qui ont plus d'expérience, et un savoir-faire avec les élèves, qui savent à la fois imposer une discipline et ne pas la faire sentir. Mais ceux-là sont au milieu ou en fin de carrière, dans des quartiers plutôt tranquilles. Ils enseignent depuis des années et n'ont pas forcément envie de se colleter à la nouvelle génération. C'est pourtant de leur expérience dont on aurait bien besoin. Beaucoup d'adultes se souviennent du seul professeur qui leur a permis de comprendre une matière ou une autre. Il y en a toujours eu un ! Et de celui qui était tellement à côté qu'ils ont détesté la matière enseignée…

Tout cela était dans les propositions Mérieux. Il y avait de bonnes choses et ça n'a rien donné. Le ministre n'a rien repris. On avait passé toute une année sur cette consultation…

La rentrée arrive et nous sommes toujours face aux mêmes problèmes : manque de profs, classes surchargées… Le flop de la consultation Mérieux n'a pas déclenché la grève à elle seule. C'était un ras-le-bol général. Tous les ans, par exemple, on passait au minimum un mois, parfois deux, à manquer d'un prof de langues ! En terminale, avec la perspective du bac, c'est stressant ! On manque de profs de langues parce qu'en France les gouvernements parlent toujours de l'éducation comme d'une priorité mais ont plus de mal à augmenter les budgets… On rafistole très souvent dans l'éducation.

Le ras-le-bol qui monte de Montpellier commence à se faire entendre. C'est la grève là-bas, ils s'énervent : la rentrée est déjà passée depuis un mois et ils n'ont toujours pas de professeur d'espagnol. Les ministres devraient se méfier des ras-le-bol de ce genre, ils sont contagieux et pour cause : ils font écho aux conflits des autres établissements et ça prend tout doucement.

À l'époque, je suis élue au Conseil supérieur de l'éducation, le CSE, la plus grande instance lycéenne, où tout le monde est représenté : les professeurs, les lycéens, les proviseurs. Nous sommes trois lycéens pour toute la France — Grégory vient du Nord, moi du Centre, et Olivia de Paris. D'habitude on nous consulte sur des projets de loi, les réformes, les circulaires, on dépose des amendements et on vote. Puis le ministre qui dirige ces réunions, ou plus souvent le ministre délégué, prend en compte ce qu'il a envie de prendre en compte. C'est une instance qui a été obtenue par le mouvement des lycéens de 1991. C'est une bonne avancée démocratique, qui nous permet au moins de prendre la parole.

Le ministre Claude Allègre, voyant monter la grogne, décide de réunir exceptionnellement, et dans l'urgence, le conseil national de la vie lycéenne, où je siège automatiquement en qualité d'élue du CSE. Et nous voilà débarquant à Paris pour y rencontrer le ministre ! La famille commence à s'habituer à mes fugues organisées de militante. Ma belle-mère râle un peu, je n'aide plus beaucoup au ménage, mais mon père s'y fait de plus en plus et de mieux en mieux. Je milite vraiment à la FIDL depuis un an. J'ai conquis ma liberté étape par étape. Je grappille progressivement. Mon père voit que je suis épanouie, tout en gardant les yeux sur mes devoirs et sur l'échéance du bac. J'ai vingt ans tout de même ! Je peux aller dormir chez des copains ou des copines militants, à condition de donner régulièrement des nouvelles. Sur le plan financier, comme il y a des subventions du ministère, nos déplacements sont remboursés — heureusement, car mes parents n'ont pas les moyens de me payer mes aller et retour aux réunions.

J'avoue que, au moment de cette réunion organisée par le ministre, je n'imagine pas l'ampleur que va prendre le mouvement. Il n'en est qu'à son début — des petites grèves éparpillées dans tous les sens. Le matin de la réunion, nous décidons de mettre en place une coordination lycéenne et nous discutons de qui va l'animer. Il ne faut pas faire n'importe quoi. La question de la démocratie est extrêmement importante et la personne qui animera cette coordination ne doit pas être contestée. Car c'est la grève, tout le monde hurle, on est en plein mouvement, et les lycéens ne sont pas toujours bien organisés, loin de là. Pour dire vrai, ça part même dans tous les sens.

Et on pense à moi. Je prends la responsabilité sans problème. J'arrive sur le pied de guerre au bas des marches du ministère de l'Éducation nationale. Je connais déjà, ce n'est pas la première fois que j'assiste à une réunion dans les bureaux. Ce qui m'a impressionnée, au début, ce sont les photos de tous les ministres de l'Éducation nationale… surtout Jules Ferry. C'était tout de même drôle d'être là, en face de lui, moi, Loubna Meliane, fille de rebeu née à Dijon. Si ma mère avait pu me voir…

Cette fois, nous avons droit à du jus d'orange, des croissants, des pains aux raisins, la totale ! Ça change des autres fois ! Petite tension entre les lycéens. La FIDL n'est pas le seul syndicat, il y a aussi l'UNL, Union nationale des lycéens, plus proche du gouvernement, et qui, à notre avis, cautionne toujours plus ou moins ce que fait ce dernier. Ils ne sont pas assez revendicatifs à mon goût. La tension porte sur la question de savoir qui va présider la séance. Et ils s'engueulent pendant je ne sais combien de temps à ce sujet.

Moi, j'observe l'ambiance sans rien dire. Tous ces gens se prennent très au sérieux, avec leur mallette, leur costume-cravate… c'est à se demander s'ils sont vraiment lycéens. Je suis complètement marginale par rapport à eux, à cette « guéguerre » sur la désignation du président de séance. D'habitude, ça n'a jamais posé de problème. Soudain, au bout d'une heure de patience, je m'énerve : « Écoutez, si vous n'avez que ça à faire, c'est votre problème, moi, je préfère aller dans la rue, parce que je vous rappelle que c'est la grève ! »

Je trouve cette querelle d'un tel ridicule que m'en vais, sidérée. Je n'ai jamais su ce qu'ils étaient supposés faire dans cette séance. Je me rends à la coordination lycéenne à la Sorbonne, où l'ambiance est électrique. Les gens sont révoltés. On se met d'accord sur une plate-forme de revendication et une liste de dix lycéens qui seront reçus en délégation par le ministre. Tout le monde est représenté : syndiqués, non-syndiqués, villes importantes ou non. Et on appelle à une grève nationale. L'Assemblée nationale doit voter entre autres le budget de l'Éducation, le moment est important.

Nous sommes quatre cents, à la Sorbonne. Et les lycéens attendent les consignes chez eux ou dans leurs lycées. Chacun repart dans sa ville pour organiser les assemblées générales, expliquer la plate-forme de revendication nationale, et agir localement dans chaque académie, puis dans chaque établissement scolaire. Comme il y a des élus partout, et des représentants de la FIDL partout, on arrive à coordonner le travail, tout en y associant des lycéens non syndiqués, qui finalement ont rejoint les associations.

C'est de la résistance qui s'organise. Il faut faire des tracts, les envoyer dans les villes de province, par le train, et contacter ceux qui les récupèrent. On ne dort pas la nuit, il faut mobiliser des académies.

Première manif à Nation. Le rassemblement est convoqué à partir de 14 heures. Nous arrivons à midi et la place est déjà pleine. Là, j'ai compris ce qu'était un grand mouvement national. J'avais déjà vu des manifs chez moi, à Dijon, mais la place de la Nation à Paris, noire de monde !... J'en suis complètement bluffée ! Des cortèges partout, des banderoles, des milliers et des milliers de visages, de bras levés, de cris de revendication... Comment discipliner un tel déferlement ? On ne peut rien maîtriser.

C'est impressionnant, je veux défiler, mais nous devons nous rendre en délégation au ministère, où M. Allègre nous a convoqués. J'apprendrai plus tard que la belle ambiance survoltée du début de manif sera ternie par les conneries de quelques voyous des cités, qui ont brisé les vitrines de dizaines de magasins sur le parcours des lycéens. Rétrospectivement, je suis plutôt soulagée d'avoir été « privée de manif ». Je n'aurais pas pu voir ça. Du gâchis et des problèmes en pagaille. Le ghetto et ses violences, toujours.

Claude Allègre, je le connais car j'ai déjà assisté à des réunions en sa présence. J'ai une réputation, déjà bien installée — depuis un an et demi, je ne cesse d'asticoter tout le monde —, de « grande gueule ». Mais pour l'instant, j'écoute... et j'entends qu'il « comprend » les problèmes exposés, et qu'il va « voir » ce qu'il peut faire. Il explique que des réformes vont être mises en place, qu'il va débloquer des moyens. Un discours tant de fois entendu... Certes, il propose quelques petites choses, mais personne n'est content, moi en particulier. Mon caractère impulsif s'arrange mal des diplomaties consensuelles.

Tant que je ne les verrai pas, ces réformes, ces moyens débloqués, ces profs titulaires récupérés pour combler les vides, ces surveillants en plus, les classes réduites à moins de trente élèves, et tout le reste, je douterai de la sincérité du dialogue. S'il avait vraiment voulu faire quelque chose, ce ministre, il l'aurait fait dès le mois de septembre. Il a cette fameuse consultation Mérieux sur son bureau, un boulot qui nous a pris un an, sur lequel des centaines de personnes — professeurs, proviseurs, lycéens — se sont penchées consciencieusement, et qui a l'air de ne servir à rien ! Alors ?

Je suis très pessimiste et pas du tout prête à lâcher quoi que ce soit pendant les négociations. On se quitte en convenant d'une prochaine réunion. Une journée d'agitation qui ne donne rien de plus pour l'instant. Avec mon amie Alice, qui vient d'un lycée parisien, nous sortons les premières de cette salle de réunion, sans penser qu'une horde de journalistes va nous sauter dessus !

Cameramen, photographes, perches, micros, flashes... Nous retournons précipitamment derrière la porte. Je ne m'attendais pas à un tel rush ! Après tout, nous ne sommes que deux petites lycéennes militantes, sans grande expérience des médias. Je regarde Alice qui me regarde... et on se dit qu'il faudra bien sortir de là, de toute façon, et qu'il vaut mieux foncer maintenant. On ressort. Et quinze journalistes nous assaillent de questions. Alice a un discours prudent : « Il nous a entendus, mais nous appelons quand même à la grève, nous allons consulter les lycéens… »

Pour moi, c'est la grève, et tout de suite.

Et dans le brouhaha je me laisse emporter par l'ambiance. Je hurle : « C'est la grève générale ! »

Ça soulage !

Les médias… et ne plus lâcher la parole

Je me sais bavarde mais lorsqu'à l'issue de cette déclaration nous nous retrouvons invitées toutes les deux, Alice et moi, sur le plateau du 20 heures de France 2, j'ai la bouche sèche. J'ai vingt ans, Alice dix-huit… deux petites bonnes femmes comme nous, en direct à la télévision, c'est tout de même impressionnant.

« T'as la trouille ?

— J'ai la trouille… »

Claude Sérillon, le présentateur, vient nous voir pendant la séance de maquillage pour nous rassurer. Il nous prépare aux questions qui seront posées. Moi, je pense à mon père… Depuis des années le journal de 20 heures est le rituel du soir. Depuis que je suis en âge de comprendre, nous avons des discussions sur tous les sujets, on commente les nouvelles… Et ce soir, il va s'installer sur le canapé en face de la télévision, et me voir arriver dans le salon ! La petite Loubna du quartier…

C'est ici que tout commence vraiment. Je dois présenter nos idées et convaincre ; avec Alice, nous représentons des milliers de lycéens qui ont manifesté toute la journée, et continuent de le faire dans toute la France. J'appelle mon père :

« Papa, je suis sur le plateau du 20 heures !

— Comment ça, tu es sur le plateau ? C'est en direct ? »

J'avais déjà participé à trois ou quatre émissions sur France 3 Dijon, pour parler des lycéens, mais jamais en direct. Jusqu'ici, je n'en connaissais que l'émission de Michel Field, « Public ». À l'époque de la campagne « Plus puissant que la violence, le respect », j'avais réussi à poser une question directe à Ségolène Royal, chargée au gouvernement des questions de violence au collège — elle était ministre déléguée à l'Éducation nationale : « Je suis à la FIDL et je ne comprends pas pourquoi le nouveau gouvernement nous a retiré la subvention sur cette campagne. »

Elle ne s'attendait pas à cette question, surprise de l'imprévu et de mon impertinence.

Mais je suis certaine que l'impertinence a quelque chose de bon. Elle est nécessaire. En qualité d'impertinente, je me suis fait remarquer car, quelques mois plus tard, lorsque j'ai rencontré le ministre dans son bureau, il m'a dit : « Ah ! c'est vous qui avez posé une question à ma collègue ! » Je suis repérée ! Mais si l'on veut obtenir la parole publique en ce monde, il vaut mieux être repérable…

En tout cas, il est plus facile de débattre en réunion, et de regarder la télévision, que de se retrouver dedans. Je ne suis qu'une provinciale, qui plus est, provinciale de quartier, une lycéenne supposée préparer son bac professionnel. Je suis en retard sur ce plan-là, et je n'ai guère le temps d'y travailler en ce moment. Mon père épluche encore mes notes comme si j'avais quinze ans...

Que vont-ils penser de moi dans le quartier? « Elle se la joue !... » Ou seront-ils fiers de moi? Je n'ai guère le temps de réfléchir davantage, on nous propulse sur le fameux plateau du 20 heures. L'endroit mythique pour tout militant porteur de revendications. C'est le moment de ne pas flancher. Pourtant je viens d'apprendre les dégâts causés par les casseurs pendant la manif. J'ai peur que tout tourne autour de la violence et de ces abrutis qui n'ont rien à voir avec le mouvement des lycéens. J'ai peur qu'on dise : « Lycéens = casseurs. »

On montre aux téléspectateurs des images de la manifestation de l'après-midi, puis Alice et moi sortant du ministère et disant qu'il faut continuer à se battre, que rien n'est gagné, et qu'il faut revoter la grève. Et à la fin, heureusement, une petite séquence qui me fait sourire et me permet de me décontracter : celle d'un prof de Seine-Saint-Denis, isolé dans la manif. Il est entouré de gamins qui lui plaquent des autocollants de la FIDL sur le visage, tandis qu'il continue de parler sans se démonter : « Je suis pour la manif, on est là pour soutenir les lycéens, c'est important... »

Je suis fière parce que nos autocollants sont à l'image, et j'ai envie de rire car l'année précédente, il y a déjà eu une manifestation des professeurs de Seine-Saint-Denis et voilà qu'à présent ce sont eux qui nous emboîtent le pas !

Alors, je me reprends complètement : je suis claire, plus du tout intimidée, sans hésitation, en pleine forme. Pourtant, juste avant ces images, je me rongeais en silence en regardant les lumières, les caméras, le rouge du direct qui s'allume au rythme des interventions du présentateur, et je me disais, ma fille, ici, c'est une autre paire de manches, chaque seconde t'est comptée, si tu bafouilles, si tu te laisses démonter parce qu'on te coupe la parole... Et je n'ai plus peur de rien. L'instinct reprend le dessus, ma révolte est intacte, cette caméra qui représente tout de même une grande partie de la France à l'écoute est devenue mon amie. Alice et moi, à l'écran, on ne faisait pas tellement « casseurs ». C'était gagné.

Le lendemain, le journal *Libération* appelle à la FIDL : ils veulent faire le portrait d'Alice et le mien. J'imagine que je ne m'en suis pas mal sortie la veille.

L'article consacré à Alice est intitulé « Alice au pays du ministre ». Elle y dit en gros : « Le ministre nous a écoutés, on a été bien reçus... » Un ton positif plutôt conciliant. Moi, ils sont obligés de me suivre pendant deux jours. Parce que je milite sur deux fronts : je redescends à Dijon pour organiser en même temps que le mouvement lycéen le déplacement de deux cars de jeunes aux états généraux de SOS Racisme sur la lutte contre l'extrême droite.

Je fais vivre aux journalistes une journée de fou, mais j'ai de la chance, ils me trouvent sympathique. J'ai droit à une double page : « Loubna Meliane, la sœur de la fronde lycéenne. » Le cadre de mon action militante est ainsi posé. Je suis utile. Et dans l'interview, je m'énerve contre tout le monde : « Claude Allègre n'écoute rien, il n'entend rien, il ne veut rien comprendre »... J'y vais fort, quoi...

Le lendemain de cette journée hyperactive, je n'ai plus de voix tellement j'ai hurlé, alors que je dois participer à l'émission « Polémiques » de Michèle Cotta. J'ai crié à la coordination lycéenne, parce que c'était la foire, et qu'il fallait se faire entendre plus que les autres. Ensuite, comble du comble, les pseudo-jeunes militants que j'avais ramenés en car pour les états généraux de SOS Racisme sur la lutte contre l'extrême droite, m'ont fait tourner en bourrique. Je n'avais pas eu le temps de sélectionner sérieusement ces participants de bonne volonté et j'avais cru pouvoir leur faire confiance. Or dix d'entre eux seulement sont allés en réunion, sur les deux cars que j'avais organisés ! Tous les autres sont allés se balader dans Paris, trop contents de voir enfin la capitale et sa tour Eiffel.

Après la réunion de la coordination lycéenne, je suis allée les insulter sur place jusqu'à Créteil. J'ai fait les deux cars en hurlant sur chacun d'entre eux ! Je ne suis pas un dictateur, mais je ne les avais pas obligés à venir, ils devaient suivre les débats ! Ensuite, j'ai passé presque toute la nuit à les surveiller, à rôder dans l'auberge de jeunesse où ils étaient hébergés pour m'assurer qu'ils n'allaient pas s'offrir en plus un Paris *by night* ! J'étais furieuse contre moi de ne pas avoir sélectionné les bonnes personnes. C'était de ma faute, on en apprend tous les jours dans le militantisme, c'est l'expérience qui nous forme. Mais je suis crevée.

Donc, le lendemain, je n'ai pas récupéré ma voix et je suis complètement aphone. Je me retrouve sur le plateau de « Polémiques ». Michèle Cotta se montre exécrable avec moi, parce que personne ne m'entend. J'ai un pauvre filet de voix éraillée dans les graves, incompréhensible ; à un moment donné, je suis obligée de céder la parole à quelqu'un d'autre en expliquant que « je ne peux pas parler » et que « c'est mon collègue qui va répondre ».

C'est rageant. Je suis là, plantée devant un micro, moi qui ne voulais plus lâcher la parole…

Le mouvement lycéen a pris une telle ampleur qu'à la deuxième réunion de la coordination lycéenne les discussions partent dans tous les sens. Il a été convenu de ne pas me mettre à la tribune, j'étais trop médiatisée et on avait peur que les lycéens s'en prennent à moi. Ils sont déjà énervés contre Alice, jugée trop modérée, et on ne sait pas comment ils vont réagir par rapport à moi. Je reste en retrait un bon moment, pour ne pas monopoliser le débat, mais j'ai des discussions intéressantes avec des lycéens. Je suis radicale, je les incite à se battre. Ce mouvement de masse qui va durer un mois, dans toutes les grandes et petites villes de France, représente beaucoup pour moi. Il est aussi une revanche sur ma propre histoire scolaire. Ce que je n'ai pas pu dire lorsqu'on m'a dégagée comme une malpropre en classe de seconde, sans aide, sans une main tendue pour me laisser une chance, je peux l'exprimer pour les autres, je peux comprendre leur révolte, j'ai la même. Ils en ont marre du manque de profs, des économies de bouts de chandelles, du manque de soutien aux élèves en difficulté, des classes surchargées, et surtout marre des promesses non tenues et des crédits fantômes.

Mais pendant que je discute avec quelques-uns, les autres deviennent hystériques, les chaises grincent. Personne ne se met d'accord sur quoi que ce soit d'important, ni sur la liste des représentants qui doivent être reçus au ministère ni sur la date et le lieu de la prochaine manifestation. Rien à voir avec la première coordination que j'avais animée. Un désastre.

C'est l'expérience qui commande à ce niveau-là. Dans ce genre de réunion, il faut un leader ; et il n'y en a pas, parce qu'il y en a trop. Tout le monde veut être calife à la place du calife, tout le monde veut prendre la parole à la place de tout le monde. Et finalement, nous assistons à de petites guerres internes entre ceux qui s'estiment plus représentatifs ou plus légitimes que d'autres. Ils tournent en rond autour de leur ego. De plus, ils sont tellement remontés que la coordination elle-même est menacée. Or les pouvoirs publics et les médias nous attendent au tournant, prêts à ricaner devant la désorganisation du mouvement. J'ai lu déjà dans une certaine presse que « ces jeunes lycéens, sans l'aide d'un parti politique en place », ne parviendraient pas à s'entendre. J'ai entendu dire que nous étions « récupérés par l'extrême gauche » ou « pilotés par la gauche » ou « coincés entre galère et politique » ou que le ministre avait délibérément lancé le mouvement et convoqué de soi-disant instances lycéennes « faciles à contrôler »...

Il faut que quelqu'un émerge pour que ça avance enfin, alors je monte à la tribune, je n'ai pas le choix. Je hurle parce qu'il y a du bruit partout, et une autre tribune dans la même salle :

« Écoutez, ça ne peut pas continuer comme ça, on a besoin d'avancer, vous ne vous rendez pas compte que vous vous battez en ce moment pour vos intérêts personnels, c'est nul ! La vérité, c'est que nous sommes là pour défendre les intérêts de tout le monde, et que si on continue à perdre du temps pour savoir qui est légitime ou pas, on est fichus ! On a besoin d'avancer, ce combat n'est pas celui d'un tel ou d'un tel mais le combat de tous les lycéens, il a besoin de trouver une issue. Nous devons parler des rythmes scolaires, de la liste des revendications… et nous devons surtout décider du prochain jour de mobilisation nationale. »

Et j'appelle à une manif pour un jour précis. Personne ne dit rien, il n'y a plus de bruit, plus de hurlements de tous les côtés, et chacun repart avec le sentiment d'avoir entendu ce qu'il attendait. C'est ainsi que je me suis retrouvée porte-parole de la coordination. Je ne l'avais pas calculé au départ. J'ai simplement remis de l'ordre dans ce fouillis hurlant, parce que j'en avais assez de perdre mon temps à écouter des arguments personnels dont tout le monde se fichait sur le moment. Et pour continuer, il nous fallait bien une date de manif !

Même si je suis militante de la FIDL, ça ne pose de problème à personne que je sois aussi porte-parole de ce mouvement lycéen : je viens de province, le mouvement aussi ; je suis dans un lycée professionnel, et l'enseignement professionnel a besoin d'être réorganisé ; je suis aussi une jeune femme issue de l'immigration, une rebeue de quartier ; et, de plus, les journalistes m'aiment bien : j'ai un discours clair et je suis très remontée, extrêmement radicale sur la liste des revendications.

Nous en sommes à la deuxième manif. Elle est très importante car elle a lieu le jour où doit être voté le budget à l'Assemblée nationale. Et outre le rendez-vous au ministère, nous sommes invités à l'Assemblée nationale par les différents groupes politiques, RPR, UDF, PS, PC...

Nous partageons les groupes, et je rencontre les députés socialistes.

Bon... ils ne sont pas tous vieux, et cette nouvelle génération est plus à même de comprendre nos revendications. C'est terrible, car j'ai toujours le sentiment, avec les politiques — qu'ils soient ou non au gouvernement —, que le problème posé par l'Éducation nationale dans son ensemble est mal abordé. Les générations de lycéens vont de plus en plus vite dans la compréhension du monde extérieur, les programmes sentent souvent la poussière pour eux. Quant aux difficultés spécifiques des blacks ou rebeus des quartiers, la carte scolaire et la mixité sociale, mes chevaux de bataille, seuls quelques-uns d'entre eux semblent comprendre de quoi je parle.

Au final, ils nous disent que nous avons raison de manifester. Soit. Mais après... plus grand-chose.

Mais cette rencontre m'a permis de prendre conscience qu'un engagement associatif ne suffit pas. Il est important d'avoir aussi un engagement politique. Il faut se battre de l'intérieur au milieu de ceux qui peuvent influencer un gouvernement. La revendication est un chemin qui ne s'arrête pas à une manifestation, aussi importante soit-elle. La grève, c'est déterminant, mais encore insuffisant.

Le mouvement dure quelques semaines, puis s'essouffle et se fait avoir par les vacances scolaires. Finalement, on obtient des régions un prêt à un taux de 0 %, pour pouvoir reconstruire certains établissements scolaires ; on obtient aussi une heure par semaine de débats en instruction civique et citoyenne sur des sujets d'actualité. Enfin, on obtient la création d'une nouvelle instance, le CVL, Conseil de la vie lycéenne, qui sera élue pour la première fois par tous les lycéens, au suffrage universel direct. La démocratie, quoi. Mais sur les moyens, on n'obtient rien d'important, des miettes. Pour la deuxième manifestation, nous étions déjà moins nombreux : les médias en ont tellement fait sur les casseurs que les parents inquiets ont interdit à leurs enfants d'aller manifester. Mon rôle a été d'essayer de rassurer. Mais, malgré notre service d'ordre et l'aide de nos « grands frères » de SOS Racisme, nous ne pouvons pas éviter les casseurs. Ils ne sont pas de chez nous et, il n'y a pas si longtemps, ils étaient scolarisés. Comment en sont-ils arrivés à une telle haine ? Je ne veux pas leur trouver d'excuse, parce qu'on ne peut pas aider ceux qui ne veulent pas être aidés. Et ce sont toujours les mêmes, il n'est pas question d'avoir à leur sujet un discours larmoyant, mais de leur montrer qu'il y a une limite. Ils sont complètement déstructurés, et comme dit un copain qui n'est pourtant pas CRS, ils ont besoin qu'on leur « botte les fesses ».

Le gouvernement de l'époque s'est débarrassé de Claude Allègre pour remettre Jack Lang. J'aime bien Jack Lang mais il a surtout cherché à ne pas faire de vagues. Moins il en a fait, moins les gens s'en sont pris à lui, et on s'est endormis dans la révolte. On dit que le ministère de l'Éducation nationale est une peau de banane sous les pieds d'un politique. C'est vrai. Ils se cassent la figure régulièrement parce que, même s'ils le veulent, ils ne peuvent rien faire. Dès qu'ils essayent, ils sont éjectés du fauteuil !

Un ministre qui veut réussir sa réforme doit la construire avec l'appui des jeunes, des profs. L'école c'est une équipe qui gagne ou qui perd ensemble.

Depuis l'enfance, je suis tracassée par la compréhension de la société. Je me suis toujours posé mille questions, sur tout. « Pourquoi quelqu'un dit ça et pas ça ? Pourquoi fait-on ça plutôt que ça ? » Je suis une questionneuse permanente. À commencer par ma propre remise en question.

Je voulais faire du journalisme, et on m'a collée en comptabilité. Je suis encore en première à vingt ans, et je m'ennuie encore plus en classe depuis que je milite. Je dois nécessairement faire un choix, je ne peux pas continuer à vivre les deux en même temps. Soit je me concentre sur mes études, soit je décide de militer. Le mouvement lycéen a été une révélation pour moi. Il est maintenant en sommeil et je me sens complètement en rupture avec mes camarades de classe. C'est bien de parler entre filles des petits copains, de qui fréquente qui, mais j'ai besoin d'autre chose. Je n'arrive pas à avoir de vraies discussions de fond avec mes camarades de classe et me trouve complètement déphasée par rapport à elles. Elles continuent de vivre leur jeunesse, et elles ont raison. Moi, j'ai l'impression d'avoir dépassé ce stade. Je me suis rendu compte que je ne pouvais plus rester inactive dans une société où il y a de telles inégalités. J'ai envie de militer davantage, de faire à temps plein ce que je fais entre les cours. C'est devenu une vraie drogue. Je ne peux pas concevoir ma vie en ne menant pas de combats. Je n'ai pas de prétention de leader, mais je veux être à la pointe du combat que j'ai commencé à mener sur cette nouvelle génération de Français.

Au mois de février, la presse annonce que Malek Boutih arrive à la présidence de SOS Racisme. Je suis à Paris ce jour-là pour une réunion de la FIDL. Il m'appelle et me propose un rendez-vous. Je le connais car il m'a beaucoup aidée pendant le mouvement lycéen, à me préparer aux questions de la presse par exemple. Je débarquais de ma province dans ce monde compliqué et j'avais nettement besoin d'une formation accélérée ! Il connaît bien les médias, les mouvements sociaux, et a beaucoup d'expérience — il a toujours été un militant de l'ombre, depuis les débuts de SOS Racisme. D'abord vice-président à l'époque de Harlem Désir en 1984, il a monté une maison des potes à Grigny, à la Grande-Borne, un quartier très difficile. Puis il est devenu président de la Fédération nationale des maisons des potes.

C'est donc un vieux routard, avec des expériences de grèves, des expériences militantes : il a fait le mouvement étudiant de 1986, le mouvement lycéen de 1991, le mouvement social de 1995, et pour moi, c'était rassurant de préparer celui de 1998 avec lui. Beaucoup plus qu'un conseiller en communication, c'est un grand frère pour moi. Et je lui dois beaucoup.

Quand il m'appelle, je fonce donc. Et Malek me demande ce que je fais en ce moment.

« Je me fais vieille, je vais avoir vingt et un ans… J'ai passé l'âge du lycée. Je bosse un peu comme pigiste pour un magazine…

— Si je t'ai appelée, c'est que j'ai quelque chose à te demander. Mais j'aimerais que tu ne me donnes pas de réponse tout de suite, que tu y réfléchisses, parce que c'est quelque chose d'important qui peut remettre beaucoup de choses en question dans ta vie personnelle. C'est bien ce que tu as fait pendant le mouvement lycéen, pas uniquement sur l'éducation, mais surtout par rapport à toutes ces jeunes filles qui ont pu se reconnaître en toi. On a besoin de cette nouvelle génération de jeunes filles qui émerge des quartiers. Tu pourrais entraîner d'autres filles derrière toi. Alors voilà, j'aimerais que tu intègres l'équipe de SOS Racisme, pour ensuite en devenir vice-présidente, parce qu'on a besoin de filles comme toi… »

Ça m'a plu, cette idée de faire émerger les filles. Je suis sortie de chez lui en connaissant déjà ma réponse : je savais que j'allais sauter le pas. Partir de chez moi, ce que je n'avais pas fait réellement, et débarquer à Paris, comme une grande. Sur la question de mes études, il me donnait la possibilité de m'inscrire en candidate libre au bac, et on m'encadrerait pour m'aider à le préparer. Je ne serais pas toute seule, on me trouverait un logement. Et Malek allait en discuter lui-même avec mon père. Je n'ai jamais su ce qu'ils se sont dit. Aucun des deux n'a voulu me raconter. Et depuis quatre ans, ça m'énerve !

J'ai passé le bac de français en candidate libre, et je l'ai eu, mais je ne pouvais pas aller plus loin. C'était trop fatigant de mener deux chevaux de course à la fois. J'avais des choses à apprendre sur le tas à SOS Racisme, c'était mon bac philo à moi ! Je me sentais le vent en poupe, l'océan sur lequel j'allais naviguer était mouvementé. J'en avais un peu peur, tout en ayant confiance en moi. La vie à Paris est une guerre permanente, la solitude me fichait la trouille, j'avais du travail avant de quitter mes sabots de Bécassine de province dans le métro. Mais Loubna Meliane la militante prenait du galon. Un mois et demi après le mouvement lycéen, Jean-Luc Delarue m'avait invitée dans son émission « Ça se discute »… J'aime discuter !

J'ai reçu beaucoup de courrier après ce passage à la télévision. Des jeunes et des moins jeunes, des gens qui n'étaient pas contents et heureusement d'autres plus nombreux qui me soutenaient. La lettre qui m'a le plus marquée venait d'un grand-père de quatre-vingts ans, propriétaire de vignes pas très loin de Dijon, qui disait : « C'est bien qu'il y ait cette nouvelle génération de jeunes qui émerge, c'est bien que vous vous sentiez responsables de ce qui peut se passer au sein du pays, c'est bien que vous ne baissiez pas la tête et que vous expliquiez sur quoi vous êtes d'accord ou pas d'accord, bravo et continuez votre combat. »

Je l'aurais embrassé ! À côté, il y avait des courriers pas très agréables. Des lettres de gens excités, proche de l'extrême droite, me demandant de quoi je me mêlais, me disant que je devrais être contente d'être ici, que si mon père était venu en France, c'est que dans son pays d'origine ça ne se passait pas forcément bien — ce qui est vrai, par ailleurs — et que je devrais être bien heureuse que la France accepte de m'instruire, et que ce n'était pas à moi d'expliquer que l'école était malade, parce que la France me payait des études…

Ces lettres-là ne sont jamais signées. Je n'en ai pas reçu beaucoup, mais suffisamment pour me conforter dans mon engagement militant à SOS Racisme. Et en m'endormant le soir, j'étais plutôt heureuse en me disant : « Tiens, celui-là je l'ai énervé ! Il est en colère, ça veut dire que je prends de l'importance, et tant mieux, c'est plus flatteur qu'autre chose. Même les imbéciles m'entendent. Je les dérange. » Je me dis toujours qu'au-delà de ce mouvement, au-delà de ces revendications sur le service public, sur l'égalité des chances, sur l'évolution de l'école, j'ai prouvé — parce qu'il faut toujours se justifier, et toujours en faire plus, quand on est rebeu — que les jeunes issus de l'immigration sont comme les autres, soucieux de construire leur avenir et de devenir quelqu'un de bien par l'intermédiaire de l'école et de cette République laïque.

Mon père me l'a dit : « Que ce ne soit ni une Françoise, ni un Paul ou un Jacques, mais une Loubna qui prenne la parole, c'est un plus, c'est l'émergence de cette nouvelle génération qui se sent française à part entière et se demande comment continuer à se sentir bien dans sa peau de Française. »

Il est bien mon rebeu de père ! Je suis fière de lui, comme il est fier de moi.

[illegible]
[illegible]
et [illegible]
[illegible]
[illegible]
[illegible] de l'État et
[illegible]

[illegible]
[illegible] mais [illegible]
[illegible] plus, c'est
[illegible]
[illegible]
[illegible]
[illegible]

[illegible]
[illegible]

Liberté, fraternité

Bien avant d'être nommée porte-parole à SOS Racisme, je me suis occupée d'animer des débats et de monter de nouveaux comités en province. C'était intéressant pour l'association puisque je venais de la province et que je la connaissais bien. Ce travail me permettait de ne pas me sentir trop déphasée au départ. Et ce secteur est aussi celui où l'on apprend le plus.

Mes débuts à Paris n'ont pas été faciles. Je suis arrivée dans une ville que je ne connaissais pas et je me suis rendu compte que l'autonomie n'est pas si facile. Il faut gérer son budget par exemple… J'ai découvert la carte bleue. Je n'en avais jamais eu, et je me suis retrouvée prise au piège de cette maudite carte, parce que je ne savais pas gérer un compte. On a des handicaps quand on est une fille rebeu de province…

Je leur ai tout fait à SOS Racisme. Je ne connaissais rien. J'étais la plouc qui débarque. Il m'arrivait sans arrêt les histoires les plus rocambolesques. Et ils étaient durs avec moi à SOS. Il fallait que je sois efficace, et au début je me plantais. Je suis arrivée en février et aussitôt j'ai dû mener ce que l'on appelle une opération *testing* dans une boîte de nuit, dont le but est de faire constater une discrimination à la tête du client.

C'est une opération qu'il faut mener très secrètement. Il nous fallait un huissier de justice et j'en ai appelé plusieurs, pour être sûre d'en avoir un, en leur expliquant de quoi il s'agissait, et en toute confiance. Je n'ai pas été discrète et l'opération a foiré lamentablement. Mais la raison de ce ratage était plus complexe. Pour avoir un huissier de justice tard le soir, il faut faire une ordonnance sur requête. Donc prévenir le tribunal qu'une opération se fait dans la ville, donner le détail de l'opération en question, en indiquant le lieu, le jour et l'heure. On a vite compris que ce n'était pas le fait d'avoir téléphoné à plusieurs huissiers qui posait un problème de discrétion. Car le week-end suivant, la même opération s'est faite sur Montpellier et cette fois, même les gens qui devaient faire le *testing* ne savaient pas où ils allaient le faire. C'était hyper-secret. Or nous étions attendus : les gens avaient été prévenus là aussi. C'est l'ordonnance sur requête qui posait un problème, il suffisait que n'importe qui au tribunal l'ait entre les mains et l'information circulait. Dans les petites villes de province, tout le monde se connaît ! Je n'y avais pas pensé, j'étais encore très naïve à vingt et un ans. Je débarquais et je ne me doutais pas qu'il puisse y avoir des fuites dans un tribunal...

Je rentre à Paris le lundi et Malek me convoque dans son bureau : « J'ai deux mots à te dire. C'est la première fois et la dernière fois, sinon c'est la porte. »

Je pense qu'il ne l'aurait jamais fait. Il voulait me faire peur, parce que j'étais en pleine formation, et que je devais apprendre très vite. Et il n'y a pas d'école pour apprendre ça. C'est sur le terrain que tout se passe et il faut être vigilante et très organisée. Malek a une poigne de fer, mais il sait aussi être disponible, prendre le temps d'expliquer. Je n'ai pas été renvoyée, mais je suis sortie du bureau en pleurant. J'ai appelé mon père :

« Papa, je veux rentrer.

— Non, tu ne rentres pas. Tu n'as rien à faire ici. Tu es bien où tu es. »

Il était dur, comme Malek, et ils avaient raison puisque j'avais fait mes choix. Mais c'était difficile. On faisait attention à tout ce que je faisais, ou disais. J'étais contrôlée, cadrée, et je n'en avais pas l'habitude. À côté de SOS Racisme, le militantisme lycéen était une joyeuse occupation. Et j'avais envie de prendre mon envol, de faire comme je l'entendais. Ce n'était pas l'efficacité de mon travail qui était en cause — efficace, je le suis devenue assez vite, j'apprenais et il était normal que je fasse des erreurs au début. Le vrai problème, c'était ma construction en tant qu'individu.

Je me suis rendu compte que j'étais encore en pleine adolescence à vingt et un ans. Je me suis sentie seule, loin de tout, loin de mes repères. J'appelais toujours mon père, ce qui était une attitude enfantine : « Papa, au secours, je suis perdue dans la foule... » Malek essayait de me le faire comprendre, et Thierry, qui s'occupait de la gestion, me secouait aussi. J'avais trop téléphoné à papa sur la ligne du bureau, je devais rembourser SOS Racisme. Je l'ai fait ; du coup, mon budget personnel en a pris un coup...

Et puis j'ai coupé le cordon. J'ai mis du temps, mais j'ai grandi. Je pense à mes copines de quartier, que j'ai laissées derrière moi et qui elles aussi ont la trouille de partir, la trouille de vivre autrement. Je l'ai eue cette trouille, mais j'ai osé le faire, même si j'avais peur de ne pas m'en sortir. Je n'arrivais pas à trouver de logement, je galérais, j'allais à droite et à gauche ; je ne trouvais pas le temps de m'occuper de mes papiers, alors que personne ne m'empêchait de prendre le temps. Pour moi qui avais toujours eu mon père pour m'aider, devenir autonome du jour au lendemain n'était pas évident. Mais c'était une bonne étape. Je me suis fait violence, j'ai été très triste, parce que j'étais toute seule. J'ai dû m'astreindre à des rythmes de travail. J'étais en pleine contradiction, adulte pour le combat, enfant dans ma vie personnelle. Pendant des années, je m'étais occupée de tout le monde au sein de ma famille, j'étais responsable, je devais penser aux autres. Et je me suis retrouvée face à moi-même, à devoir m'occuper de *moi*, et je ne savais pas le faire. Je me couchais tard, je dormais mal ou pas du tout, j'arrivais fatiguée. Je sortais, je dépensais de l'argent à droite, à gauche, je vivais tout ce que je n'avais jamais eu le droit de faire.

J'y suis arrivée, j'ai fait ma propre expérience de la vie, mais ça a été dur. J'ai mis pratiquement deux ans à me stabiliser dans cette nouvelle situation. Il a fallu que je travaille sur moi-même, que j'arrive à comprendre certaines choses, que je coupe le cordon avec mes parents, que je parvienne à organiser ma vie, à accéder à une véritable autonomie en ne faisant pas n'importe quoi. J'avais attendu ça avec impatience, mais je ne savais pas que c'était aussi compliqué. J'ai souvent pensé à ma mère dans ces moments-là, comme au moment de ce mariage raté, dont j'étais responsable d'ailleurs. Elle doit être contente maintenant et, d'une certaine manière, fière de se dire : « Ma fille y est arrivée, elle s'est un peu cassé la figure comme tout le monde, mais elle s'est relevée et a continué son chemin, et elle continuera encore. »

Elle m'a manqué, de toute évidence, mais si elle avait été là, je pense qu'elle m'aurait surprotégée, et je ne serais peut-être pas ce que je suis aujourd'hui. C'est une manière de me réconforter que de me dire ça. Il fallait que je passe par cette étape, que je fasse ma crise d'adolescence.

Mon frère avait la sienne, en plus grave que moi.

Je me souviens d'une réunion parents professeurs. Comme on était dans le même lycée, j'y avais emmené mon père pour le rassurer sur lui et moi. Et tous les professeurs lui ont dit : « Mehdi est doué, c'est un élève intelligent. Il ne fait rien en cours et il a de bonnes notes sans faire d'effort, mais il faut qu'il se calme. »

Les autres gamins du quartier étaient comme lui. S'il s'était trouvé en classe avec des élèves motivés, qui étaient là pour bûcher, il aurait pris le rythme. Ça aurait suffi puisqu'il était doué et intelligent. Mais il a laissé tomber. Il s'est retrouvé en prison, l'année scolaire 1997-1998. Il devait avoir dix-sept ans.

Un matin, à 6 heures, les policiers arrivent à la maison. Ils connaissaient mon père, dans le bon sens, parce qu'il a été agent de sécurité et qu'il a fait de la prévention auprès des jeunes avec eux dans un quartier assez chaud. Il avait travaillé aussi au bar du centre commercial, et le commissariat de quartier était juste à côté. S'il avait un problème avec un client, il allait les voir. Donc, ils sont arrivés chez nous, plutôt tranquilles : « Bonjour monsieur Meliane, comment allez-vous ? Alors voilà, on est obligés d'emmener Mehdi pour lui poser quelques questions. Ne vous inquiétez pas, il n'y a pas de problème, rappelez-nous dans l'après-midi, on pourra vous en dire plus. » Très polis, très corrects, puisque nous avions de bons rapports avec eux. L'après-midi, mon père appelle et demande ce qui se passe : « Des voitures ont été brûlées dans un parking il y a quelques jours, et on a besoin de savoir si votre fils n'était pas dans le coup. » Mon père répond tout de suite : « Non, c'est impossible, c'est pas son genre, il n'est pas parfait, mais c'est pas son style de brûler des voitures ! »

Mon père ne s'affole pas. Les policiers lui disent que son fils n'était pas mis en accusation, mais que, comme il traîne souvent avec une bande soupçonnée de brûler des voitures, ils veulent savoir s'il était avec eux ce jour-là, et s'il a des informations. Mon père raccroche et se dit : « Ça lui apprendra la vie, et il comprendra qui il fréquente. » La journée se passe. Mon père travaille, ne rappelle pas la police, pour que Mehdi se débrouille tout seul et que ça lui serve de leçon. Depuis longtemps, il lui disait : « Arrête de traîner avec n'importe qui. Ça se retournera contre toi. »

Le lendemain, mon père commence à s'inquiéter, Mehdi est à la police depuis une journée et demie. Il rappelle à l'heure du déjeuner.

« Votre fils Mehdi a fait l'objet d'un mandat de dépôt ; il est en prison dans une autre ville.

— Comment ça, un mandat de dépôt ? Il est mineur, vous deviez me prévenir.

— Il est passé devant le juge, c'est le juge qui a décidé, parce qu'il ne nous a pas donné d'éléments d'information, et on est persuadés qu'il était avec eux !

— Qui dit ça ?

— Les autres de la bande, et lui, il le nie.

— Mon fils est mineur, il a un père. Et le minimum, c'était de me prévenir. »

Mon père va faire un scandale et il apprend que Mehdi est en prison du côté d'Auxerre. La bande a été dispersée pour éviter qu'ils se parlent entre eux. C'est l'imbroglio malheureusement classique, les uns accusant les autres, et niant les faits.

On donne à Mehdi un avocat commis d'office, qui ne s'énerve pas sur le dossier. Mon père est complètement effondré. Il en tombe malade au point de se coucher. Pendant les deux mois où mon frère est resté en prison, il a été malade. C'était un coup de couteau dans le dos pour lui. On avait touché à sa chair, et il s'est senti humilié. Il était impuissant à sortir son fils de là, et sa fierté en prenait un coup. Et il ne savait pas si Mehdi était coupable ou non, et ça le rongeait.

Et moi, j'étais à des milliers de kilomètres avec une centaine de lycéens, à visiter les établissements scolaires, à discuter de la vétusté des lycées professionnels... un cauchemar. Impossible de rentrer. Je passe une semaine affreuse, et en rentrant je ne peux pas faire grand-chose d'autre que de contempler la déprime de mon père, et d'envoyer un colis de vêtements à Mehdi. L'avocat ne sert à rien et au bout d'un mois et demi, je n'en peux plus. Je vais voir SOS Racisme, présidé par Fodé Sylla à l'époque, et je lui explique mon histoire. Je sais que mon frère n'est pas coupable, je le connais, nous n'avons pas été élevés comme ça. Nous avons baigné dans une éducation faite de respect, de tolérance. Je le voyais bien faire des bêtises, fumer ou boire de l'alcool, mais pas brûler des voitures. Je l'ai élevé, mon frère. Quand ma mère est décédée, il avait deux ans et demi. Je suis encore plus persuadée que mon père de son innocence.

Et j'avais raison, ce n'était pas lui. SOS Racisme m'a trouvé un avocat qui est descendu à Dijon. En une journée, c'était réglé et il est sorti le lendemain.

Comment ne pas nourrir un sentiment de haine quand on se retrouve deux mois en prison pour quelque chose que l'on n'a pas fait ? Mon père ne voulait pas lui envoyer d'argent. Il avait peur, si son fils était coupable, de faillir à ses principes d'éducation habituels : enseigner la responsabilité. Moi, je ne travaillais pas, j'étais militante et sans un sou. Ses copains se sont organisés et lui ont envoyé un peu d'argent. Il n'avait pas de quoi s'acheter un rasoir, du savon. Il y avait un peu de solidarité en prison, mais il a vécu des humiliations. Pour mon père, c'était la goutte d'eau, il ne lui faisait plus confiance. Un fils en prison, dans le quartier, c'est la honte, même s'il est innocent. Et il l'était. Il n'était pas avec la bande ce jour-là, mais qui pouvait dire qu'il ne serait pas tombé dans le piège une autre fois ?

Il fallait qu'il prenne conscience de certaines choses, et se détache des copains qu'il fréquentait.

Le déclic s'est produit lorsqu'il est tombé amoureux. Ils avaient le même âge. Elle n'était pas rebeu. Elle lui a fait un bien fou. C'est une femme qui l'a remis sur les rails : un jour, il s'est réveillé avec l'envie de trouver du travail, et il en a trouvé. Il a bossé dur dans une équipe de chemin de fer à transporter des rails, et il a bien gagné sa vie. Il avait dit à mon père : « Je vis à la maison, je suis nourri, logé, alors tu prends ma paie, si j'ai besoin de quelque chose c'est toi qui me donneras de l'argent. » C'est lui qui payait le crédit de la maison au bled, et celui de la voiture. Je pense qu'il avait besoin de se racheter vis-à-vis de mon père. C'était important pour lui, un défi. Et ils se sont rapprochés. Ils sortaient ensemble en vacances, entre hommes, au point que j'en étais jalouse ! Il avait dix-neuf ans.

Et il est mort dans un accident de voiture, au Maroc, parce qu'un chauffard voulait changer de direction et que, là-bas, le port de la ceinture n'est pas obligatoire, que les conducteurs font ce qu'ils veulent, ivres ou non, et qu'ils s'en tirent avec une amende minable et trois mois de prison avec sursis. Mehdi fait partie des milliers de morts de la route marocaine, et je ne peux pas parler de lui sans maudire l'incohérence d'un système de répression qui s'attaque bien plus facilement à la contestation démocratique qu'aux assassins de la route !

Sa petite copine travaille, elle est restée mon amie. Ils auraient continué leur chemin tous les deux. Elle n'avait pas pu venir en vacances avec nous, elle travaillait l'été pour se faire de l'argent de poche. Mais depuis qu'ils s'aimaient, elle passait son temps à la maison. C'était notre belle-sœur. Cet été-là, il lui a envoyé sa dernière carte postale du Maroc... Ils étaient beaux tous les deux. Ils voulaient vivre ensemble. À la rentrée, il avait décidé de chercher un appartement. Il voulait faire plein de choses, il avait des projets, maintenant qu'il avait réglé tous ses problèmes.

Chaque fois que je rencontre des jeunes, je pense à lui. C'est pour ça que je me bats pour eux. C'est pour ça que je m'énerve, parce qu'ils ne sont pas mauvais bougres, mais qu'ils sont capables de faire plein de choses, si on leur tend la main. Ils n'attendent que ça. Aujourd'hui, plus personne ne se parle, et chacun imagine des choses. Il y a deux sociétés : les petits jeunes de banlieue et les autres.

Bien sûr, on trouve de vrais salopards, de vrais petits barbares, des voleurs, des dealers qui font de l'argent sur la misère des gens. Ceux-là ont besoin de comprendre que tout se paie dans la vie. Brûler des voitures, transformer les quartiers en zones surveillées pour les filles, se conduire avec elles comme des petits machos et se plaindre que les autres ne veulent pas de vous, c'est trop facile. Qu'ils viennent militer à SOS, au lieu de cultiver la haine. Eux aussi ont un problème à régler avec le racisme, celui dont ils font preuve envers tout ce qui n'est pas eux.

J'en suis arrivée à un stade où je voulais quitter SOS, parce que tout ça était trop lourd. En plus, je n'avais pas de diplôme et j'en faisais un vrai complexe. J'avais milité à la FIDL avec des filles qui ont fait ensuite sciences politiques ou Bac + 3. J'étais qui, pour parler ? Et Malek me disait : « Tu vas te calmer avec ça, chacun est différent, donc chacun se construit de manière différente. Fais-moi confiance, avance. Ne regarde pas en arrière, ce n'est pas bon. Ni pour toi ni pour personne. »

Il m'a fait beaucoup de bien parce qu'il m'a secouée. Le comble du comble, c'est que je me complexais sur le bac, alors que je ne m'étais pas donné les moyens de le passer. Personne ne m'aurait rien dit, surtout pas à SOS, si j'avais annoncé : « Je prends un mois, je révise et je bosse. » Seulement voilà, c'était vouloir trop de choses en même temps.

C'était dur aussi en raison des rythmes qu'il faut assumer. Travailler à SOS Racisme, ce n'est pas un métier, ce n'est pas un travail, je ne suis pas une salariée classique. C'est une disponibilité permanente. Par moments, on se croit en vacances et il faut rentrer parce qu'il se passe quelque chose. On vit selon l'actualité. Les week-ends souvent n'existent pas. Pour moi, c'est un véritable engagement, qui n'a rien à voir avec une vie professionnelle classique — d'ailleurs, je n'emploie jamais ce terme de « vie professionnelle » en parlant de mon activité. Financièrement, c'est difficile, parce qu'on ne gagne pas beaucoup. Il y a des fins de mois galère... mais on s'aide mutuellement. Parfois on n'est pas payé, parce que les subventions n'arrivent pas. Par exemple, lorsque nous avons commencé une campagne sur la question des discriminations. Ça n'a plu à personne ! Pas plus à la droite qu'à la gauche. Nous avons sorti des dossiers sur le logement public : on s'en doutait mais nous avons apporté la preuve qu'en France on a pratiqué le tri ethnique dans divers offices HLM. Et nous avons porté plainte contre eux dans trente-deux villes. Ça nous a coûté cher. Il y a eu des pressions financières. Malheureusement, SOS Racisme dépend de subventions. Mais nous avons tenu bon. Et nous essayons de développer les fonds privés, parce que nous nous rendons bien compte que nous ne pourrons pas continuer à mener notre combat sans eux.

Nous avons également trouvé un fichier informatique qui servait notamment dans la restauration et dans certaines agences d'intérim. Il utilisait des formules abrégées pour spécifier une offre d'emploi : par exemple, la mention BBR signifiait « bleu, blanc, rouge ». Dans certaines agences de location, les propriétaires utilisent la même indication. Parfois, il y a des petites pastilles de couleur qui identifient discrètement un Blanc, un rebeu ou un black. Cela se passe de la même façon dans certaines branches professionnelles. Bien sûr, il ne fallait pas que ça se sache, et si nous tentions de piéger le système, nous étions mis au piquet, c'est-à-dire privés de subventions pendant un an et demi ! Vous voulez une subvention ? Soyez sages, ne remuez pas trop la boue.

Mais nous ne nous décourageons pas et continuons nos actions. Et moi, inlassablement, je parcours la province, de ville en ville, pour informer, mener des opérations de *testing* afin de prouver des discriminations... La France, je la connais maintenant dans ses moindres recoins — sûrement mieux que beaucoup de Français « de souche » !

Et notre action fait avancer la loi. Nous avons obtenu deux arrêtés de la Cour de cassation : un premier qui légitime la méthode du *testing*, alors qu'au départ, la méthode n'était pas considérée comme une preuve en tant que telle. De plus, personne n'est obligé de passer par SOS Racisme pour mener sa propre opération de *testing*, il peut la faire tout seul. Et un second qui rappelle la loi contre les discriminations. On bosse quoi. Et avec des résultats.

Nous disposons de plusieurs jurisprudences sur la question de l'emploi, du logement et des loisirs. On a découvert des résistances inimaginables. Même au camping on pratique la discrimination. Il y a une région — la Vendée — où c'est pire qu'ailleurs. On y refuse les groupes issus des quartiers. Nous avons gagné un procès contre un camping de Pornichet : à la structure sociale qui voulait envoyer des gamins en vacances, le gérant de camping avait écrit qu'il ne pouvait accepter des groupes à moins de 50 % de Blancs ! Un autre camping, dans son magazine de présentation, expliquait que leur clientèle était à 100 % blanche. Il le notait sur sa brochure comme un label genre quatre étoiles ! Il se croyait au-dessus de la loi. Mais nous, on court après la loi justement, pour être sûr qu'elle ne s'essouffle pas en route.

Par exemple, tous les ans, nous organisons la nuit du *testing* pour établir la cartographie la plus fidèle de ce qui se passe réellement en France dans les discothèques. Et au fur et à mesure des années, on a constaté une baisse des discriminations à l'entrée. Ils nous craignent. Les exploitants se réunissent tous les ans. Après la première opération de *testing*, ils ont cherché pendant leur colloque une méthode pour ne pas se faire surprendre. Ils n'ont pas trouvé de faille. On arrive à n'importe quel moment, sans se faire reconnaître. Les discothèques sont un des rares endroits où les gens peuvent se rencontrer, et où la mixité est possible. Au départ, on nous rétorquait que ce n'était pas important, qu'il valait mieux se concentrer sur le logement et l'emploi. Comme s'il y avait un racisme « grave » et un autre dont on pourrait s'accomoder parce qu'il s'agit de loisirs… Mais à SOS Racisme, il n'y a pas de hiérarchie entre les différents lieux où les discriminations se pratiquent.

Mais les opérations de ce genre nous coûtent de l'argent, et à SOS Racisme, il n'y a pas d'argent. Les militants n'ont pas forcément les moyens de payer une cotisation, même faible. Je crois même que beaucoup de gens ne savaient pas qu'il y avait une cotisation. Pendant des années, tout le monde pensait que pour adhérer à l'association, il suffisait de porter le badge « touche pas à mon pote ». Quand Malek est arrivé, on a décidé de lancer une grande campagne d'adhésion. On se rendait bien compte qu'on ne pouvait pas vivre exclusivement sur les subventions de l'État, qu'il nous fallait de vrais adhérents. Nous n'avions pas non plus le nombre précis des cartes, car les adhésions étaient gérées localement. Nous avons, depuis, instauré un système d'adhésion central, géré par le bureau national.

SOS Racisme a toujours créé beaucoup de polémiques. Pendant ce temps, la presse, qui ne saute en général que sur le détail à sensation, parle assez peu de notre travail. Qui s'intéresse à la semaine de prévention contre le racisme ? Même dans les établissements scolaires, il faut la rappeler, et leur mettre sous le nez la circulaire qui nous autorise à pénétrer dans leurs établissements.

On nous appelle souvent à la rescousse lorsque le mal est fait.

Un jour, un proviseur de l'Aveyron appelle. Il dirige un excellent collège, dans un patelin de mille cinq cents habitants, où la grande passion des gamins est de s'insulter, en se traitant mutuellement de « sale nègre » ou de « sale Arabe », alors qu'il n'y en a pas ! Pas un seul enfant étranger, à part un petit Asiatique qui a été adopté. Le proviseur, exaspéré, fait venir une association antiraciste pour leur expliquer ce que veut dire « sale nègre » et « sale Arabe ». Donc, j'arrive. Avec les collégiens, c'est le plus difficile, ils ne sont pas assez mûrs pour réfléchir tout seuls. Ce jour-là, j'ai en face de moi des classes de sixième, de cinquième et quelques élèves de quatrième. Je pars toujours avec une cassette vidéo sur toutes les discriminations (à l'emploi, au logement, à l'entrée des discothèques), avec des *testings* en caméras cachées et un clip du Paris-Saint-Germain. Celui-là fait beaucoup rire les jeunes. Il a été créé à la suite des problèmes au Parc des Princes, provoqués par une tribune où ne s'installent que des petits nazillons. Symboliquement, SOS Racisme avait alors porté plainte contre le PSG ; plainte retirée, dès que l'on a pu trouver des solutions ensemble pour que le club fasse la chasse à ces fachos. Parmi ces solutions, il y a ce clip vidéo, qui est passé pendant toute une saison chaque fois que le PSG jouait. L'idée était justement de tordre le cou aux idées reçues, avec l'aide des grands joueurs du club.

La cassette se termine. Les gamins l'ont bien aimée parce qu'ils sont très footeux. Je leur explique un peu ce qu'est la discrimination, la campagne que nous menons, etc. Et les questions qu'ils me posent ensuite sont surprenantes, elles représentent tous les stéréotypes que l'on applique aux jeunes des quartiers, alors qu'il n'y en a pas un seul chez eux. Ils n'ont entendu parler des quartiers qu'à la télévision ou par leurs parents. J'entends de tout : « On dit qu'ils n'ont pas beaucoup d'argent et pourtant on les voit s'habiller en Lacoste... », « Pourquoi ils brûlent des voitures ? », « Pourquoi ils sont si violents ? », « Pourquoi ils volent les gens ? », « C'est les Arabes, c'est les nègres... ».

C'est pour ça qu'ils s'insultaient comme ça. Un voleur ne pouvait être qu'un « sale Arabe ». Un Noir ne pouvait être qu'un « fouteur de merde ». J'ai pris un choc ce jour-là, devant l'ampleur du dégât. J'ai compris comment le FN pouvait faire des scores là où il n'y avait que des Blancs. Quand on ne se mélange pas, la peur de l'autre devient démentielle.

J'ai essayé, mais ce n'était pas facile de démolir dans leur tête de pareilles idées reçues. Leur dire ce qui se passe réellement dans les quartiers, qu'il y a parfois des « fouteurs de merde », mais pas partout, qu'il faut prendre du recul par rapport aux images de la télévision, que les jeunes dans les quartiers sont comme eux, qu'ils ont envie de vivre mieux, de réussir à l'école, de trouver un travail. Ils ont compris. Pour finir, le professeur est intervenu avec un exemple : « Votre camarade que vous aimez tous, il ne vous ressemble pas, il vient de loin, mais vous l'avez adopté dans le village, c'est votre copain, vous vous entendez bien avec lui et vous n'avez pas d'*a priori* sur lui. Alors, pourquoi vous en auriez sur les autres ? »

Et là, le petit Asiatique se met à pleurer, et il

dit à ses copains : « Moi, j'ai de la chance d'avoir été adopté et de vivre ici, parce que je ne sais pas ce qui me serait arrivé dans mon pays. » Et les autres gamins ont compris que ce petit bonhomme qu'ils avaient accepté d'emblée, sans se poser de questions, était pareil que les autres et qu'on ne leur montrait que les vilains barbares à la télévision.

C'était l'un de mes premiers débats en établissement scolaire pour SOS Racisme. Et plus que jamais, je pense qu'il en faudrait davantage, qu'il faudrait libérer du temps au collège pour ce genre de dialogue. Que les jeunes puissent parler de toutes ces images qui leur passent par la tête, du racisme, de la violence, du racket et aussi de la sexualité.

Nous menons ce genre de débats dans les établissements scolaires mais parfois nous avons du mal à y entrer. Les proviseurs ou principaux ne veulent pas qu'on se mêle de l'éducation de leurs élèves. Et surtout pas SOS Racisme, qu'ils trouvent trop politisée. Mais il y a des associations d'anciens professeurs, des psychologues, des médecins, des anciens policiers, beaucoup de gens qui sont prêts à le faire, même bénévolement. Il faudrait mobiliser beaucoup de monde, et trouver des moyens. Je ne prétends pas que tout doit être gratuit, mais tous les spécialistes à la retraite devraient pouvoir trouver un espace pour aider l'Éducation nationale. Un policier qui vient à l'école expliquer son métier n'est pas un ennemi.

Un médecin qui raconte la sexualité autrement, c'est mieux qu'un film porno. Tous ceux-là pourraient remettre un peu de plomb dans la tête de ces gamins.

Une circulaire du ministère de l'Éducation nationale autorise les associations, y compris SOS Racisme, à organiser des débats dans les établissements scolaires. Il n'y a pas que la semaine contre le racisme, il y a aussi la semaine de l'engagement, de la citoyenneté, etc. Mais c'est à la bonne volonté du proviseur. Et c'est là que ça se complique. Un proviseur n'est pas obligé d'aménager du temps pour ce genre de choses. J'enrage. On n'a plus d'éducation civique, par exemple, ou si peu qu'elle ne ressemble à rien. Comment peut-on demander à des gamins d'être respectueux envers les institutions, leurs profs, les règlements, leurs copains, les filles, bref, d'acquérir une morale, si on ne leur donne pas un minimum de bases ? Mon père nous avait fait nos dix commandements tout seul !

Je suis une idéaliste et n'ai pas forcément toutes les réponses à tout ; à vingt-cinq ans, j'ai encore beaucoup de choses à apprendre, mais je peux faire le constat d'une situation déplorable, donner quelques idées, essayer de faire comprendre, à ceux qui gouvernent et décident, qu'ils sont d'une tout autre génération, et n'ont pas forcément toutes les cartes en mains. Je peux dire ce que les jeunes vivent au quotidien, les questions qu'ils se posent, leurs frustrations, leurs haines. Parce que je les connais pour les avoir vécues. Je suis là en tant que jeune fille issue de l'immigration, je témoigne, j'alerte, et je réclame qu'on cesse de nous prendre pour des sauvages.

J'ai envie qu'on nous entende en qualité de vrais interlocuteurs. Parce que j'ai grandi dans le quartier, je suis à même de dire ce qui s'y passe. Et je me rends compte qu'on ne peut plus continuer à vivre comme aujourd'hui, ce n'est plus possible. Les jeunes vont devenir fous. Le taux de suicide est plus élevé que la moyenne dans les quartiers. Ils étouffent, ils n'en peuvent plus. La violence naît aussi de cet étouffement, de ce repli sur soi-même. Il faut leur redonner leur peau de petits Français. Leur apprendre la fraternité, leur donner la liberté pour qu'ils retrouvent l'égalité. Et je le maintiens, cette ambition idéaliste n'interdit pas de « botter les fesses » des récalcitrants. Ni n'empêche de faire les bonnes rencontres. Tout le monde ne peut pas comme moi se les botter toute seule.

portent leurs frustrations, leurs haines. J'avoue que je m'étonnais pour les avoir vécues. Je dis ... en tant que jeune fille issue de l'immigration, je témoigne : j'ai erré, et je [illegible] de nous prendre pour des sauvages.

Pas envie [illegible] nous regarde [illegible] de nos futurs enfants. Parce que j'ai grandi dans le malaise, je sais à présent que ce « ghetto » passe par la mort [illegible] simple qu'on ne peut plus continuer à vivre ainsi. Aujourd'hui ce n'est plus possible. Les banlieues vont devenir folles. Le taux de suicide est plus élevé que la moyenne dans les quartiers. Ils étouffent, ils n'en peuvent plus. La violence naît aussi de cet étouffement, de ce repli sur soi-même. Il faut leur redonner leur peau de petits Français. Leur apprendre à [illegible] leur quartier [illegible] où ils retrouvent l'égalité. Et je le maintiens, cette ambition nécessite d'intervenir pas d'[illegible] des assistants. [illegible] Tout le monde ne peut pas [illegible] les traiter toute seule.

Marchons

Le 4 octobre 2002, Sohane, dix-sept ans, a été aspergée d'essence et brûlée vive dans un local à poubelles de la cité Balzac à Vitry-sur-Seine. Le crime a été commis par un lycéen de dix-neuf ans.

En septembre 2002, une bande de jeunes mineurs du Val-d'Oise a été condamnée pour viol à répétition sur Samia, une adolescente de quinze ans. Ils étaient dix-neuf dans le box des accusés.

Oulfa, une jeune lycéenne parisienne de dix-neuf ans, a été brûlée au troisième degré par un jet d'acide dans les toilettes d'un lycée parisien du XIXe arrondissement.

Trois exemples seulement, alors qu'il y en a des centaines, dont beaucoup de gamines ne parlent pas et ne parleront jamais. D'autres racontent les histoires de jeunes filles mariées de force, ou envoyées au bled, ou qui vivent encore en ce moment sous contrôle, silencieuses et frustrées, ombres des quartiers ou des banlieues, fantômes de jeunes filles françaises sans droits dans un pays de droit.

Dans les quartiers, les adolescentes sont les premières victimes des hommes. Le pouvoir masculin s'exerce à tous les niveaux : le père, le frère, les voisins, la bande de copains. Il y a aussi la mère, les voisines, les sœurs, la bande de copines. Il faudrait se soumettre ou se masculiniser. Il faudrait obéir aux traditions patriarcales ou s'enfuir.

La mort de Sohane, horriblement spectaculaire, a cristallisé une situation qui ne date pas d'hier et qui a abouti à la marche des « Ni putes ni soumises » en mars 2003.

Tout a commencé par un appel national aux femmes des quartiers en octobre 2001 :

> *Nous, femmes vivant dans les quartiers de banlieue, issues de toutes origines, croyantes ou non, lançons cet appel pour nos droits à la liberté et à l'émancipation.*
>
> *Oppressées socialement par une société qui nous enferme dans les ghettos où s'accumulent misère et exclusion ;*
>
> *Étouffées par le machisme des hommes de nos quartiers qui au nom d'une « tradition » nient nos droits les plus élémentaires ;*
>
> *Nous affirmons, ici réunies pour les premiers « États généraux des femmes des quartiers », notre volonté de conquérir nos droits, notre liberté, notre féminité.*

Nous refusons d'être contraintes au faux choix, d'être soumises au carcan des traditions ou de vendre notre corps à la société marchande.

Assez de leçons de morale : notre condition s'est dégradée. Les médias, les politiques n'ont rien fait pour nous ou si peu. Assez de misérabilisme. Marre qu'on parle à notre place, qu'on nous traite avec mépris. Assez de justifications de notre oppression au nom du droit à la différence et du respect de ceux qui nous imposent de baisser la tête.

Assez de silence, dans les débats publics, sur les violences, la précarité, les discriminations.

Le mouvement féministe a déserté les quartiers. Il y a urgence et nous avons décidé d'agir.

Pour nous, la lutte contre le racisme, l'exclusion et celle pour notre liberté et notre émancipation sont un seul et même combat. Personne ne nous libérera de cette double oppression si ce n'est nous-mêmes. Nous n'appellerons à l'aide ni les « chiennes de garde » ni les « grands frères ». Nous prenons la parole et lançons cet appel pour que, dans chaque cité de France, nos sœurs, nos mères entendent ce cri de liberté et rejoignent notre combat pour mieux vivre dans nos quartiers. Pour que nous soyons entendues : diffusez notre appel le plus largement possible et participez à l'ensemble des initiatives féministes et antiracistes qui restent le cœur de notre combat !

L'appel était signé de Fadela Amara, présidente de la Fédération des maisons des potes, issue de SOS Racisme.

Dans les quartiers, les femmes montent beaucoup d'associations, mais elles se débrouillent seules. Les municipalités leur donnent peu de subventions, on ne les reconnaît pas comme des citoyennes participant à la vie active. Elles font des réunions chez elles, donnent des cours de cuisine, s'occupent des gosses, se rendent service mutuellement, mais on ne leur donne pas la parole. Il fallait donc la leur redonner, à ces grandes oubliées des quartiers. Jeunes et moins jeunes, trop souvent elles vivent mal sous l'autorité des hommes de la famille ; leurs problèmes se sont multipliés depuis une génération : travail, liberté, sexualité tabou, mariage forcé, émergence des « tournantes » dans les quartiers, agressions verbales, port du foulard, alors que leurs mères ne le portaient plus… Les jeunes filles se sentent prisonnières d'un machisme qui les contraint à raser les murs. Beaucoup d'entre elles préféreraient être des garçons. Elles n'osent plus s'habiller en filles, leurs rapports avec les adolescents de leur âge sont brutaux et lamentables et elles n'en sont pas responsables.

Et elles se résignent au lieu de se révolter, elles acceptent de vivre en silence. De porter un survêtement et des baskets, de se camoufler sous un déguisement de plus en plus masculin, sous peine de subir les insultes des petits caïds, de se faire traiter de putes et, au final, de se retrouver bannies. Et cette situation ne date pas d'hier. On a jugé en 2001 des faits qui remontaient à 1993 dans une cité parisienne. Dix jeunes aux assises pour avoir violé une gamine de treize ans. Elle avait eu le courage de les dénoncer, et eux la lâcheté de recommencer avant d'être arrêtés. Ce mot de « tournante », horrible, représente un jeu pour eux. Une « meuf » qui se fait tourner, c'est une « pétasse qui aime ça ». Selon eux, elle est toujours d'accord, et si ça se passe dans une cave, c'est parce qu'elle a bien voulu y aller…

Kahina, la sœur de Sohane, ne peut pas supporter ce langage, évidemment. Et nous non plus. Que faire pour arrêter la dérive qui entraîne ces jeunes barbares, machistes en herbe, à bafouer le droit des filles dans les quartiers ? Ils vont jusqu'au crime ! Comment en est-on arrivé là ? Je pense qu'il ne leur reste que ce « pouvoir ». Ils croient exister en l'exerçant sans contrôle, alors qu'ils régressent lamentablement et se privent eux-mêmes de tout espoir de vie heureuse. Ils ont peur des relations mixtes. Leur avenir sentimental, leur capacité à être des maris, ou des amants, des pères et des citoyens responsables, est dramatiquement bloqué. Ils estiment pouvoir tout se permettre, se cachent derrière de prétendues traditions culturelles et religieuses, parce qu'ils vivent dans la frustration, dans la misère sociale et sexuelle. Ils ne parlent pas d'amour, ils ne savent pas ce que c'est. Ce sont des petits rois sans trône.

Le travail est énorme pour qu'ils comprennent que nous ne sommes pas des objets, des choses qui leur appartiennent. Que sans nous, les femmes, ils ne sortiront jamais de leur Moyen Âge. C'est aux parents aussi qu'il faut expliquer qu'en France on ne marie personne contre son gré et qu'ailleurs non plus on ne devrait pas. Qu'on ne kidnappe pas sa fille pour l'emmener au bled après lui avoir permis de faire des études et de vivre en démocratie.

Pour organiser cette marche des femmes, nous nous sommes donc appuyées au départ sur le réseau associatif existant, afin de tisser notre petite toile d'araignée sur tout le territoire, et de déclencher, nous l'espérions, une prise de conscience.

Quand j'ai commencé à travailler sur cette marche, je me suis occupée de la préparation sur la province. J'y étais sept jours sur sept. Je ne dormais plus, d'abord à cause de l'excitation, parce que j'avais vraiment envie qu'elle commence, puis à cause de la peur. Je me demandais s'il y aurait du monde, si les femmes oseraient nous suivre, si on allait nous jeter des œufs ou des cailloux sur la tête, si les petits caïds n'allaient pas nous tomber dessus pour nous fracasser. Le public allait-il nous croire ou nous prendre pour des folles, les hommes nous bannir de la communauté ? Je craignais d'être détestée, qu'on me dise : « Tu oublies d'où tu viens, tu oublies qui tu es ! Rentre chez toi et ferme-la ! »

Cette marche, j'en avais aussi besoin personnellement. J'avais le sentiment de stagner, de ne plus avancer. J'avais du mal à m'accepter, je ressentais la nécessité de régler mes propres contradictions et de me libérer d'une tonne de complexes. J'allais aider les autres, et m'aider moi-même. Et je pensais à ma sœur, je me sentais coupable de vivre ailleurs et de l'avoir laissée derrière moi.

J'ai peur pour elle, tous les jours. Parce que je sais que tous les jours on est à deux doigts de passer du mauvais côté. Moi, j'avais de la rage, ma sœur a de la haine. Et c'est dur. Je peux essayer de l'aider, mais je ne peux pas faire les choses à sa place. Elle a seize ans. J'ai beaucoup parlé d'elle pendant la marche. Parce que c'est elle qui m'a permis de comprendre que les choses ont encore changé depuis que j'avais son âge. C'est encore plus violent, plus dur pour elle que ça ne l'a été pour moi. Je le vois dans ses yeux. Sa façon d'être, et de parler… Elle a adopté le « parler des cités » et ce n'est pas bon pour elle. J'ai essayé de lui expliquer que si elle en prenait l'habitude, le jour où elle se présenterait pour un entretien d'embauche, elle irait au-devant d'une exclusion dont elle seule serait responsable. « La langue française est une belle langue, arrête de la déformer. Tu n'es pas crédible quand tu parles comme ça devant les autres, quand tu t'exprimes devant ton professeur, le proviseur ou quelqu'un de l'administration du lycée. Si tu as envie qu'ils te considèrent comme une jeune adulte et tiennent compte de tes désirs, tu t'y prends mal. »

Elle a une certaine violence et une agressivité dans sa manière de s'exprimer, dans sa façon de parler. Il faut savoir avoir raison. Mais surtout, en dehors de ses difficultés scolaires, je sais que ma sœur n'en peut plus de jongler sans cesse avec sa féminité. Elle a tendance à s'habiller en garçon, pour éviter les conflits avec les gamins, et elle a donc fini par parler comme eux. Ce qui la rend encore plus agressive. C'est un cercle sans fin. Et elle m'a dit : « J'en ai marre de jongler avec ça, de pas savoir si je peux être une fille normale. »

Je me suis lancée dans cette marche pour toutes ces raisons, et avec un moral d'enfer parce que j'avais le sentiment d'une aventure nouvelle qui ferait bouger les choses.

Nous avions fixé l'itinéraire sur vingt-quatre villes de France. Nous n'avions aucune prétention : je savais très bien qu'il était impossible de résoudre des problèmes en vingt-quatre heures sur telle ou telle ville. Le but était d'abord de faire parler ces femmes, de les libérer. Parce que dans les quartiers, on ne dit rien. Il ne faut surtout pas raconter ses problèmes, dire que l'on est malheureuse, victime de ceci ou de cela, sinon c'est la honte sur soi.

Je me souviens d'une amie qui n'a pas eu de chance. Elle était sortie avec un copain du quartier, dont elle était amoureuse, et il lui a fait croire qu'il avait enregistré une cassette prouvant qu'elle n'était plus vierge. Le garçon lui a fait du chantage pendant longtemps : « Si tu me donnes pas cent francs, ou si tu me donnes pas ci, si tu me fais pas ça, je fais circuler la cassette où je suis avec toi. » Et ce n'était pas vrai, il n'avait pas de cassette du tout, mais elle était terrorisée par ce racket monstrueux, et l'histoire a fait le tour du coin, jusque dans les autres quartiers. Moi-même, je l'ai mal jugée. Je pensais qu'elle n'avait qu'à s'en prendre qu'à elle-même, je me croyais supérieure, parce que je n'avais rien de ce genre à me reprocher. Il y a toujours ce mythe de la virginité et, adolescentes, nous n'étions pas très solidaires. Dès qu'une fille avait mauvaise réputation, nous avions le réflexe de ne plus la fréquenter pour ne pas avoir, nous aussi, mauvaise réputation. Je le regrette aujourd'hui. Je me rends compte que le système s'entretient de lui-même. Les filles en font partie. Nous étions toutes conditionnées.

Nous sommes arrivées à la première étape de la marche épuisées mentalement par le doute qui nous habitait depuis des semaines : « Tu crois que ça va marcher… On est en retard… La mairie ne nous recevra pas dans ce département… Et là, on n'a pas encore de salle… » Autant de petits problèmes techniques qui ne cessaient de nous tracasser.

Que ce soit Ingrid, Safia, Christelle ou Nadia, chacune emportait avec elle son histoire personnelle. Nous étions suffisamment semblables et différentes pour représenter celles que nous venions chercher par la main. L'une est issue d'une famille nantaise débarquée dans la banlieue parisienne à l'âge de treize ans. Elle a toujours conseillé ses copines parce qu'avec sa mère elle pouvait parler de tout, de sexualité, de pilule. Sa mère a toujours pris le temps de lui expliquer les choses. L'autre est une maman célibataire d'origine italienne et issue des quartiers. Elle n'a pu élever son enfant elle-même car on ne la jugeait pas suffisamment adulte. « Il faut nourrir les gens intellectuellement », c'est sa grande phrase. Elle a l'impression, et elle a raison, qu'on a rendu nos parents complètement dociles. Ils baissent la tête, au lieu de la relever. Nadia, je la connais depuis l'enfance, on a grandi ensemble, dans le même quartier.

Je ne sais pas si les autres femmes se rendent compte à quel point il est si difficile pour nous d'exister librement. On y arrive, mais au prix d'une rupture avec ceux qui nous sont chers.

Il y avait deux garçons avec nous : Farid et Olivier. Farid, c'est une autre génération, c'est un ancien, il porte la mémoire de SOS Racisme. Il était là surtout en tant que grand frère, pour nous aider. Pour lui, l'expression « grand frère » garde son sens premier. Il ne juge pas. Il écoute et ça fait du bien. Farid, Algérien d'origine, Français de nationalité, est né à Villiers-Le-Bel. Il ne pensait pas que cette marche allait être aussi dure pour lui. Cette aventure avec nous l'a renvoyé à son statut de « mec » des cités. Avait-il été assez attentif au destin de ses sœurs ? N'avait-il pas cautionné par son silence le comportement d'autres « mecs » ? Pareil pour Olivier, métis black et bien dans sa peau. Sa mère a dû l'élever seule, abandonnée par le père. Il a toujours mis les femmes sur un piédestal. Sa marche était pour elle.

Chacun d'entre nous est parti en pensant à quelqu'un de sa famille. Et il était important que ces deux garçons soient présents. C'était réellement dur pour eux, encore plus que pour nous. Car devant certains témoignages de femmes, battues ou violées, ils se rendaient compte qu'ils appartenaient au sexe masculin, et que ce sexe-là comportait beaucoup de monstres. Ils réagissaient parfois en étant sur la défensive : « Mais on n'est pas tous comme ça ! » Et ils discutaient beaucoup avec les autres garçons.

Nous avons donc fait étape dans vingt-quatre villes en cinq semaines, avec des réunions dans chaque ville sur un thème différent.

À Rennes, par exemple, nous avions choisi la question de la sexualité, car le planning familial nous avait signalé une recrudescence des demandes de certificat de virginité de la part des filles, ce qui lui posait un grave problème d'éthique. Les responsables du planning savaient pertinemment que sans ce certificat, demandé dans l'urgence par les filles, celles-ci étaient immédiatement envoyées au bled ; d'un autre côté, il leur était impossible de faire des faux.

À Bordeaux, le thème portait sur la discrimination dans le droit au logement et à l'emploi. Les femmes sont victimes, pour certaines d'entre elles, d'une discrimination raciale, sexuelle et sociale — elles accumulent encore plus de handicaps que les hommes.

À Narbonne, nous avons parlé, notamment avec Karima, arrivée d'Algérie depuis quelques années, du statut des femmes en France et dans les pays d'origine : « Ici, les femmes sont folles ! nous a-t-elle dit. Là-bas, on vivait à l'européenne, et ici les autres mamans me demandent sans arrêt pourquoi je ne porte pas le foulard ! J'ai l'impression de retourner en arrière. Dans mon pays, elles luttent pour ne pas le porter ! » Le monde à l'envers. Toute la puissance destructrice et rétrograde du ghetto.

À Marseille, le débat portait sur les couples mixtes — c'était à la Saint-Valentin.

À Lyon, le thème était les intégristes. Nous avons reconstitué la cérémonie d'un mariage mixte, devant une église catholique. Si nous nous étions installés devant une mosquée, nous avions pris le risque de faire déraper la séance. Et comme l'intégrisme fleurit chez les catholiques aussi... L'histoire est celle d'un « Gaulois » et d'une « beurette » qui veulent se marier, mais deux familles s'y opposent — ils sont comme les Capulet et les Montaigus. L'amour est le plus fort et ils se marient.

À Roubaix, un débat était organisé avec Samira Bellil sur les viols collectifs. Elle a écrit sa propre histoire, *Dans l'enfer des tournantes*, et a mis quinze ans à se reconstruire. Nous avions choisi ce thème en raison du drame vécu par une petite collégienne de treize ans. Ses parents étaient dans la salle. Les coupables sont en prison, mais les « potes des potes » des violeurs ont menacé la famille et la petite fille qui les a dénoncés. Elle a pourtant changé d'établissement scolaire, mais les parents des violeurs refusent de comprendre pourquoi on porte plainte. « Mon fils n'a rien fait, elle était consentante, c'est elle qui a provoqué... elle est venue toute seule dans la cave. »

Et ça nous énerve d'entendre chaque fois ce genre d'argument, Samira Bellil surtout : « Dans la cave, on ne te dit pas : Viens, descends-y avec moi... » On te fracasse d'abord la gueule et on t'y traîne de force ! »

L'histoire de cette petite fille est très dure. Ils l'ont prostituée en lui amenant des copains qui les payaient pour une fellation. Ils venaient la chercher à l'école, ils l'emmenaient avec eux — et l'horreur a duré ainsi deux ou trois mois. Des maquereaux. Le pire, c'est que l'on a culpabilisé ses parents au cours de l'enquête : « Vous êtes sûrs que vous n'êtes pas responsables, ce n'est pas vous qui envoyiez votre fille là-bas ? Vous êtes au RMI, ce n'était pas pour de l'argent ? » Et l'affaire n'est toujours pas jugée. Un cauchemar.

À Lons-le-Saunier, nous avions choisi d'ouvrir un débat très large sur la question des femmes des quartiers. C'est une toute petite ville où il n'y a pas d'extrême violence, mais des problèmes. Le préfet est le seul qui l'ait reconnu. Tous les élus que nous avons rencontrés ailleurs nous ont expliqué que non, qu'il n'y avait aucun problème chez eux, ni violence envers les femmes dans les quartiers, ni femmes battues ou violées, ni intégrisme, RIEN ! À croire que nous avions tout inventé. Mais le préfet de Lons-le-Saunier connaissait Marseille. La situation dans sa petite cité n'était pas aussi déplorable que dans les grands ensembles des grandes villes, mais il était d'accord avec nous sur le fait que plus on tend à banaliser les problèmes et plus ils prennent de l'ampleur. C'est un feu qui couve sous la cendre.

La salle était pleine à craquer. Une maman marocaine extraordinaire de lucidité et d'humour est notamment intervenue et elle a vidé son sac devant quatre cents personnes : « Tous les ans, pour les vacances, c'est le bled ! Comme si on ne pouvait pas découvrir d'autres pays ! Y en a ras-le-bol d'aller au bled tous les ans ! Ça suffit ! Allez, c'est reparti, tous les ans, au mois d'août, on remplit la voiture, on achète le café pour un tel, et on prend ça pour l'autre… »

Je me reconnaissais dans ce qu'elle racontait ! Moi aussi, j'ai eu du mal à supporter les voyages au bled, la traversée de la France et de l'Espagne — où nous étions le plus souvent mal reçus — et toujours les mêmes horizons. Cette femme — j'ai aimé ce qu'elle disait — voulait que ses enfants ne soient pas sans cesse ramenés vers leur pays d'origine, mais puissent aussi rester en France et s'y sentir bien.

Et elle a continué sur sa lancée : « Vous voyez, mes enfants sont là, mon petit garçon et ma fille. Je veux que mon garçon comprenne que ma fille a le droit de faire ce qu'elle veut, du moment que moi je suis d'accord, c'est pas lui qui décide ! » Le gamin se retrouvait au milieu du débat, il ouvrait de grands yeux sur sa mère et ne comprenait rien à ce qui lui arrivait !

« Et puis il faut arrêter de croire qu'on va retourner au bled, on est ici, on y reste ! »

Le mari n'était pas là… mais c'était une femme de caractère. Je pense qu'elle ne devait pas se laisser faire, sinon elle ne serait pas intervenue comme elle l'a fait. Elle était bien dans sa peau, et très lucide sur la situation. « Mais comment on élève nos garçons ? Ils ne font rien, ils se laissent servir, les sœurs font tout. Nous aussi, nous avons notre responsabilité. Si nos garçons deviennent comme ça, c'est de notre faute ! On les élève comme des rois à la maison. »

Et elle désignait son fils : « Je pense que celui-là, il doit aider à la vaisselle à la maison ! »

Le soir, on a fait la fête avec elle. Et elle a recommencé à s'énerver parce que des mamans rebeues étaient restées à la cuisine pendant que tout le monde mangeait le couscous. Elle est allée les chercher — deux grand-mères qui ne parlaient pas très bien le français, habituées à servir, à se taire et à attendre que les autres se soient régalés pour manger. Elle a eu beaucoup de mal à les faire sortir, mais elle y est arrivée à force de les faire rire.

On leur a épinglé le badge « ni pute ni soumise » sur le corsage et expliqué en arabe ce qu'il voulait dire. Et les grand-mères se cachaient le visage dans les mains, effarées, les pauvres femmes, d'entendre le mot « pute ». L'explication était laborieuse : « C'est pour la défense des femmes, tu comprends ? Y en a marre que nous, les femmes, nous soyons tout le temps à la cuisine ! Les filles ont le droit de vivre leur vie, elles ont le droit d'aller travailler, et de se marier avec qui elles veulent ! »

Les deux grand-mères acquiesçaient, en hochant la tête : « Tu as raison. » Et finalement, elles ont gardé le badge et sont restées avec nous. Elles nous ont gratifiées de youyous enthousiastes, et nous avons toutes dansé ensemble. C'était formidable et triste à la fois de voir ce contraste entre générations. Celles qui disent : « Ah ! non, je ne dois pas sortir de la cuisine, je ne peux pas… c'est pas bien… » Et les autres : « Au nom de quoi tu ne sortirais pas de la cuisine ? C'est pas normal que les pères ou les frères décident pour toi, et pour tes filles ! Nos filles, elles peuvent devenir médecins, avocates ! Elles ne deviennent pas des "putes" pour ça ! »

Elles ont compris, mais j'ai été frappée par le geste révélateur des mains sur le visage, la honte éternelle, la soumission de cette génération qui nous précède. Dès que l'on parle de liberté, d'échappées, de refus de l'autorité masculine, nos grand-mères et encore nos mères ont si peur qu'elles se recroquevillent, font silence, et en se taisant transmettent cette attitude à la génération suivante. Le fils suivra le comportement de son père, et la fille celui de sa mère.

À Toulouse, la marche a traversé un quartier où les regards de certains hommes n'avaient rien d'amical. Je les sentais agressifs, méprisants ou furieux. L'après-midi, un débat a réuni quatre cents femmes, au cours duquel nous avons surtout écouté des témoignages. Il n'y avait pas un seul homme — même nos camarades masculins se sont retirés, elles l'avaient demandé. Parler d'un viol ou d'un inceste, c'est tellement difficile… Elles ont eu le courage de le faire, et nous ne savions pas quoi leur répondre. J'étais bloquée, je me sentais inefficace devant des récits aussi douloureux. Le but de la marche était de les aider, mais comment ? Nous les écoutions en silence. Nous ne pouvions rien faire d'autre. Et je me suis rendu compte que le simple fait de parler devant d'autres femmes, d'évoquer des faits remontant parfois à plusieurs années était un immense soulagement. Il y avait des mères de famille, des femmes plus âgées, et c'étaient elles qui à la fin sont venues nous embrasser et nous remercier. « Vous pourriez être ma fille, c'est magnifique ce que vous faites ! »

À Strasbourg, nous avons dû faire face à un comportement, typique de certains élus, que je trouve inacceptable. Dans une mairie, une femme dédaigneuse nous a apostrophées : « Je connais les quartiers, je vais faire mon marché tous les jeudis là-bas, il n'y a aucun problème ! Tout le monde est mélangé, il n'y a pas de violence, tout va bien. » C'est ce qu'il y a de pire. Prétendre connaître le quartier parce qu'on va y acheter ses épices. Elle doit trouver cela « si exotique ». Avec un peu de chance, elle y aura même vu des « adorables boubous ».

La réunion avait lieu dans une salle aux immenses baies vitrées. J'écoutais, les yeux fixés sur le quartier environnant. De grandes tours hérissées de paraboles, une prison, et en bas, des silhouettes qui passaient : quelques mères de famille avec leurs sacs à provisions, des hommes en gandoura, le calot sur la tête. Une tristesse sans nom. Il y avait un tel décalage entre les propos de cette élue et ce que je voyais... Elle n'avait pas les mêmes yeux pour voir ? Les mêmes oreilles pour entendre, recueilli juste avant cette affirmation méprisante, le témoignage de Zoubida, entre autres : « Je vis dans ce quartier et on rase les murs ici. On n'existe pas. Moi, je ne supporte plus d'y vivre. Il faut voir ce qui s'y passe au quotidien ! » J'étais furieuse. Je lui ai dit que s'il n'y avait pas de problèmes dans ce quartier, nous ne serions pas venues, parce que nous n'avions pas de temps à perdre. Et qu'elle ferait mieux d'écouter ce que disaient les habitants, ceux qui y vivaient, plutôt que de s'en tenir à un discours préparé d'avance. Elle avait en face d'elle des citoyennes prêtes à travailler avec les élus pour améliorer leur existence et, au lieu de les écouter, elle prétendait me faire croire que tout se passait pour le mieux…

Ma réaction ne lui a pas plu du tout. Elle m'a franchement engueulée : « Vous ne vous rendez pas compte de ce que vous dites ! Et puis de quoi je me mêle ? Tout va pour le mieux. » J'étais énervée. J'avais envie de l'étrangler, de lui dire : « Si c'est vous qui décidez pour nous, on est mal partis. Vous êtes aveugle ou vous faites exprès de ne pas voir ? » Et les autres m'ont calmée. Me colleter avec cette femme, ce n'était pas la meilleure solution.

À Narbonne, même scénario : « Il n'y a pas de problème ! » Qui étions-nous pour oser prétendre le contraire ? Et on s'est fait engueuler une fois de plus — moi surtout, ce qui m'est arrivé plus d'une fois ! Parce que je suis impulsive. J'ai une « grande gueule » justement, et je l'ouvre très souvent. Ce n'est pas grave. Je préfère prendre les coups à la place de ceux qui vivent dans les cités, et sont bien obligés d'y rester. Moi, je ne fais que passer.

C'est à Marseille que j'ai fait un scandale, un vrai coup de colère. Il y avait beaucoup de journalistes avec nous pendant la visite d'un quartier. C'est le pire que j'ai vu. Ce n'est même pas un quartier. Je n'avais pas l'impression d'être en France, mais quelque part dans un bidonville du bout du monde. C'étaient de grandes tours HLM de dix ou quinze étages, en ruine. Il n'y avait plus de façades, comme s'il y avait eu un bombardement. Et des gens vivaient à l'intérieur de ça ! « Bellevue », ça s'appelle. Tu parles...

Il y avait beaucoup de cameramen qui me suivaient. En marchant, je ne décolérais pas : « Regardez ! Les gens vivent comme des chiens ici ! En France ! Dans un pays développé ! Dans un pays où il y a l'égalité des droits pour tous, l'aide sociale, dans un pays où soi-disant chacun peut vivre bien ! Comment voulez-vous que les gens ici se reconnaissent dans cette République ? Comment voulez-vous qu'il n'y ait pas de frustration et que les gens n'aient pas le sentiment d'avoir été abandonnés ? » On m'a expliqué qu'il y avait un projet de réhabilitation de ce quartier. Ça m'a fait sourire tristement. Ils attendent que l'immeuble soit dans cet état-là pour le réhabiliter ? Il n'y a rien à réhabiliter ici. Il faut juste que ça n'existe plus.

Le ministre de la Ville, Jean-Louis Borloo, était

passé juste avant nous, disant qu'il fallait détruire ce quartier. Il avait raison, et il avait vraiment montré l'envie de faire quelque chose. Mais je suis un peu inquiète parce que l'enveloppe ministérielle a été diminuée par rapport à celle du précédent ministre de la Ville. Et je me demande s'il pourra faire ce qu'il faut. Il a un vrai projet de restructuration des quartiers, une véritable volonté de s'attaquer au problème, mais si on ne lui donne pas les moyens financiers, même avec toute la bonne volonté du monde il n'y parviendra pas. J'espère qu'il ira jusqu'au bout.

Sur le cas de la petite fille de Roubaix, il est intervenu pour faire déplacer la famille dans un autre département. Au moment de la marche, il a fait ce qu'il a pu pour nous réserver des logements d'hébergement d'urgence pour les filles en difficulté. C'était l'une de nos revendications.

Au fur et à mesure de la marche, ma tête s'est remplie de questions sur mon travail de militante. Comment en est-on arrivé à cette situation ? Pourquoi la société française s'occupe-t-elle autant des garçons dans les cités et pas des filles ? Et comment faire avancer les choses ? Quelle autre action avoir, en plus de l'engagement associatif ? Dans quel cadre ?

Beaucoup de femmes journalistes sont venues nous interviewer lors des différentes étapes ; à chaque fois, j'étais obligée de leur expliquer la raison de cette marche. Elles ne comprenaient pas et ça me mettait en colère. La vie des filles dans les quartiers, la soumission aux règles, l'obéissance aux traditions, la violence des garçons envers elles, tout cela ne franchit pas la barrière sociale. Et j'enrage. Sohane a été brûlée, une autre a été violée, une autre a pris de l'acide dans son collège ; depuis deux ans, les maisons des potes se mobilisent, il y a eu un livre blanc sur les femmes des quartiers, une réunion à la Sorbonne, des sociologues se penchent sur le problème des « beurettes », le planning familial s'inquiète pour elles ; elles sont sommées à la fois de s'intégrer en s'émancipant et de se soumettre…

Que faut-il expliquer encore ?

Et en même temps, je n'avais pas le droit de me mettre en colère, car, pour certaines, elles ont dû se battre avec leur rédaction pour faire paraître des dossiers sur nous. Certains journaux ou magazines ne voyaient pas grand intérêt à la marche, ils la croyaient anecdotique. J'avais l'impression que nous ne vivions pas dans le même monde, en tout cas pas dans la même France. Les interviews duraient des heures. Ce n'était plus vraiment des interviews mais plutôt des discussions et des éclaircissements. Et c'est fatigant. Sur la question des filles, en particulier, elles ignoraient l'ampleur de la situation. Avec certains journalistes, le dialogue a été formidable, mais avec d'autres, épuisant. Sur la situation des quartiers, certains ont l'impression que la France fait bien son boulot, qu'il n'y a pas vraiment de problèmes, que c'est nous qui les fabriquons; sur la citoyenneté, l'intégration, j'ai entendu trop souvent : « Les filles n'ont qu'à s'en aller, sortir du ghetto ! Vivre autrement ! » C'est donc à nous et à nous seules d'être héroïques ? de rompre les liens familiaux ? Et comment, s'il vous plaît ?

Au fur et à mesure, ils commençaient à comprendre et les articles ont changé de ton. Plus la marche avait de succès, plus il y eut de témoignages qui venaient d'autres femmes que des marcheuses elles-mêmes. Et là, les journalistes se sont dit que nous n'étions pas les simples porte-drapeaux d'une idée intellectuelle, d'un énervement passager de féministes. De ce côté-là, la marche a été très utile. Avant, je ne me reconnaissais pas dans le discours féministe traditionnel parce qu'il s'arrêtaient à la porte des quartiers. Et je leur disais : « Moi, je ne mène pas un combat de féministe. » Mais pendant la marche, nous avons beaucoup discuté ensemble. Et maintenant, ce sont plusieurs générations féministes qui militent côte à côte, ensemble, pour faire reconnaître et surtout appliquer les droits des femmes. Dans les années cinquante en France, c'était pareil : on mariait les filles, on surveillait leur virginité, elles ne faisaient pas les mêmes études que les garçons. Elles étaient consignées à la maison, et montrées du doigt à la moindre incartade. Bannies pour certaines, condamnées à abandonner un enfant à l'Assistance publique, ou bien à se cacher pour l'élever. Une fille mère déshonorait sa famille.

Nous en sommes là dans les quartiers. Leur expérience peut nous servir, même si la question sociale dans les cités donne une dimension plus dramatique au problème.

Nous sommes arrivées enfin à Paris, épuisées, mais pleines du souvenir de ces visages, de ces regards de femmes. Des larmes, des sourires, des applaudissements, des flots de paroles de femmes nous avait suivies et transportées jusqu'au bout de la marche. C'était la ligne d'arrivée, et aussi le commencement d'autre chose. Je me sentais différente, les autres aussi. Personnellement, j'ai grandi tout au long de ce chemin, les lambeaux de mon adolescence sont restés définitivement derrière moi.

Jusqu'à la dernière minute, nous ne savions pas s'il y aurait du monde à la manifestation qui devait se dérouler à République. Et s'il n'y avait personne, nous serions ridicules après ces cinq semaines de travail et de marche. On était mortes d'inquiétude — c'était ça le plus dur. Et la foule était là ! J'ai revu toutes les mamans, toutes les jeunes filles que nous avions rencontrées pendant cinq semaines. Et quand nous sommes arrivées à Nation, je me suis mise à pleurer de bonheur. Les gens ont fait un cercle autour de nous et ils applaudissaient. Et les filles pleuraient d'émotion. Nous étions là, nous avions réussi, ces milliers de gens qui défilaient, c'était pour nous ! Ils hurlaient, ils brandissaient des banderoles, trente mille personnes derrière « Ni putes ni soumises », c'était un grand pas pour nous.

Le matin du 8 mars, pour la journée de la Femme, nous sommes reçues par le Premier ministre à Matignon. Petit discours, dialogue avec M. Raffarin… Je me lance comme d'habitude dans mon discours : « Vous comprenez, ce n'est pas possible ! Tu sais, on ne peut pas continuer à vivre comme ça… » Il y a un léger murmure derrière moi. Emportée par mon élan, je ne me rends pas compte que j'ai tutoyé le Premier ministre ! On me le dit souvent : régulièrement, il y a « la petite gaffe de Loubna ».

Le Premier ministre nous a présenté les quatre ministres délégués chargés des différents secteurs dans lesquels nous allions travailler avec eux. Et nous lui avons remis la liste de nos cinq propositions.

Tout d'abord, un guide de l'éducation au respect, distribué dans les écoles. Beaucoup d'enseignants reviennent sur le principe de mixité à l'école ; ils pensent que c'est une solution pour que les filles soient plus tranquilles. Nous ne sommes pas d'accord.

Nous voudrions créer dix sites pilotes — des sortes de maisons de femmes dans les quartiers — avec des assistantes sociales, des psychologues, des avocats, des professionnels qui puissent répondre sur des cas concrets au moment où les femmes se présentent. Au départ, ça serait pour les femmes, mais l'objectif est que ce soit ouvert aussi aux hommes. Parce que eux aussi ont des problèmes.

Nous demandons également des accueils spécifiques dans les commissariats de police pour les femmes victimes de violence. Il y en a quelques-uns mais c'est insuffisant : les policiers ne sont pas toujours formés et certains sont odieux avec les femmes, sans même s'en rendre compte, dans leur façon de poser des questions : « Vous n'avez pas provoqué l'agression ? » Je sais qu'ils sont obligés de la poser, cette question, mais il y a la manière.

Des structures d'hébergement d'urgence doivent être mises en place, afin que les femmes aient un endroit où trouver refuge en cas de violences de tout ordre.

Nous avons enfin lancé les universités autour de « Ni putes ni soumises » afin de mener une véritable réflexion sur les problèmes des femmes dans les quartiers.

Nous avons donc rencontré le Premier ministre, et je ne sais pas quoi penser aujourd'hui. Il a entendu ce que nous avons dit mais, depuis des mois, je n'ai vu aucun résultat. J'attends. Je conçois qu'il ait à régler d'autres problèmes, que ce n'est pas forcément le bon moment. Mais il faudra qu'il y ait un bon moment un jour.

Je suis allée m'excuser quand nous nous sommes revus sur un plateau de télévision : « On m'a dit que je vous avais tutoyé, je suis désolée… »

Et il m'a embrassé la main. C'était gentil et très respectueux. Je pense qu'il respecte notre combat. Parce qu'il est juste et qu'on commence à se rendre bien compte qu'on ne peut pas continuer à vivre comme ça. Mais la marge de manœuvre est mince.

J'ai repris mes activités à SOS, j'ai continué à participer aux débats des « Ni putes ni soumises ». Nous sommes allées à Asnières, par exemple, où un collectif masculin s'est mis en place après la marche. Ils se sont appelés « Ni proxo ni macho ». Ils ont un vrai problème avec les filles issues de l'immigration. Qu'une « beurette » comme moi porte un tee-shirt moulant avec en gros sur la poitrine « Ni pute ni soumise », ça les dérange. Ils ne nous veulent pas dans ce combat. Ils expliquent qu'on stigmatise les quartiers, qu'on pointe du doigt les mecs... Leur porte-parole est allé jusqu'à dire en débat public qu'il préférerait encore recevoir Le Pen à Asnières que « Ni putes ni soumises ». Il l'a répété au journal *Libération*, et il me l'a dit en face, sur le plateau de LCI.

Je lui ai répondu : « Ton vrai problème, c'est que je m'appelle Loubna et que je porte ce tee-shirt-là. Parce que je suis issue de l'immigration, tu estimes que je devrais fermer ma gueule ! Tu penses que je n'ai rien à faire dans un combat pour l'égalité des droits entre les hommes et les femmes ! Que je devrais être une bonne mère au foyer, élever mes gamins, faire la popote, et porter le foulard aussi, pourquoi pas ! Ce n'est pas tant qu'on stigmatise les jeunes des quartiers — tu t'en fous à la rigueur —, c'est que des filles commencent à se rebeller et à vous interpeller directement en criant dans les rues que ça suffit vos conneries, que ça suffit de nous imposer vos règles ! »

Ils ont peur des femmes. Le simple fait qu'ils se soient rassemblés pour se prétendre « ni proxo ni macho » m'a fait comprendre que nous étions sur la bonne voie.

Notre marche, c'était la marche des femmes contre les ghettos et pour l'égalité. Le conditionnement des femmes dans les quartiers va de pair avec le conditionnement des hommes.

À Dreux, après la marche, j'ai fait un débat, c'était dur. Quatre gamines sont arrivées, et ce n'étaient plus des filles. Même leurs visages étaient devenus durs, des visages de mecs, violents.

J'ai connu ce comportement du refus de la féminité, mais de manière différente. Pendant longtemps, j'ai voulu être un mec. Au départ, ça ne dérangeait personne que je sois avec des garçons, mais quand j'ai commencé à devenir femme, j'ai senti le changement de comportement vis-à-vis de moi. Quand j'ai commencé à avoir des seins, j'ai voulu les cacher, je les bandais pour que personne ne s'aperçoive que je devenais une femme. Ces filles en baskets, jogging, marchant comme des mecs, parlant comme des mecs, complètement asexuées, je me suis focalisée sur elles pendant toute la réunion.

Moi, j'avais la rage, l'envie de m'en sortir. Elles, elles avaient de la haine. À la fin, elles ont fait une photo pour le journal local avec le tee-shirt « Ni putes ni soumises ». J'avais gagné une petite bataille, pas la guerre. Mais j'étais fière de ma victoire.

Aux Ulis, dans l'Essonne, j'ai fait un autre débat avec des jeunes de quartier. Au départ, j'étais méfiante, je trouvais qu'il y avait beaucoup trop de visages masculins. Ils ont ce discours éternel :

« Mais on est obligés de faire attention à ce qu'elles portent, nos sœurs ! On sait comment fonctionnent les mecs, c'est dangereux pour elles. On le fait pas pour les ennuyer mais pour les protéger…

— Je comprends, mais elle est assez grande ta sœur, une fille sait très bien comment elle doit s'habiller ! Tu veux l'empêcher de mettre une robe ? Il faut nous faire confiance, on est assez grandes pour se protéger toutes seules.

— Oui, mais c'est notre rôle de grand frère… »

Il faut avancer point par point avec eux, et on arrive à les faire évoluer, parce que ce ne sont pas de mauvais bougres. Et on poursuit la discussion pour, à la fin, ne plus parler de protéger les petites sœurs mais en arriver à leurs problèmes. Et là, un garçon lève la main :

« Le vrai problème, c'est pas tellement les

petites sœurs, on sait très bien qu'elles y arriveront toutes seules. C'est plutôt : "Qu'est-ce qu'on fait, nous, pour trouver un boulot, qu'est-ce qu'on fait pour qu'on arrête de nous coller une image de délinquants, de voyous, ou de nuls ?" »

Celui-là a compris, mais il est difficile de convaincre toute une salle. Ils discutent tout de même entre eux, on leur donne au moins des arguments et des outils pour expliquer aux autres qu'il faudrait se calmer avec les filles. Et nous laisser exister.

Quand j'étais plus jeune, il y avait un petit club où, tous les dimanches après-midi, on organisait des boums. C'était convivial, on se retrouvait, filles et garçons, on discutait, on dansait, on mangeait des gâteaux. Au fur et à mesure des années, les clubs se sont exclusivement concentrés sur les garçons. Quand on parle des quartiers, on en parle au masculin. Quand il y a des problèmes, c'est aux garçons qu'on va poser des questions. C'est toujours eux. Les articles, les livres ne parlent que d'eux. Toujours leur parole. On ne nous demande pas notre avis. Alors qu'on vit les mêmes difficultés qu'eux, la même violence, les mêmes préoccupations. On nous fait comprendre que l'espace leur est réservé.

Voilà ce que je répète inlassablement depuis la marche.

Nous sommes les citoyennes de demain, nous serons là pour construire ce pays, la France ne peut pas faire sans nous. Et pourquoi feriez-vous sans nous ? Ce pays nous appartient autant qu'à vous.

Le 8 mars 2003, on n'avait jamais connu une aussi importante manifestation pour la journée de la Femme : trente mille personnes défilaient à Paris pour conclure la marche des « Ni putes, ni soumises ». Dire que j'étais fière de moi, c'est peu ! J'étais une femme parmi les autres, et sortie du ghetto.

Wahoo ! 30 000 personnes…

pas faire sans nous... pourquoi faites-vous sans nous ? Ce pays nous appartient autant qu'à vous.

Le 8 mars 2003, on n'avait jamais connu une aussi importante manifestation pour la journée de la Femme : trente mille personnes défilaient à Paris pour soutenir la marche des « Ni putes ni soumises ». Dire que j'étais fière de moi, c'est peu ; j'étais une femme parmi les autres sortie du ghetto.

Valeur ? 30000 personnes !

On crève d'amour dans les quartiers

Personne n'a vu le coup arriver. Je regarde la télévision et je me rends compte que c'est vrai : Le Pen est au deuxième tour des présidentielles ! On est une dizaine dans le bureau de SOS, interloqués, sidérés. Et j'explose, je me mets à pleurer, à hurler devant la télévision : « Vous vous rendez compte ? Ça veut dire quoi ? Que les parents font leurs valises ? Qu'ils s'en vont ? Je resterai ici ! » Qu'il soit au second tour, c'est comme s'il était déjà président.

Moi qui me suis engagée dans cette campagne de tout mon cœur, ma première réaction est de m'en prendre à tout le monde en général (et à personne en particulier). Et ensuite à moi-même. Qu'est-ce que je n'ai pas fait ? J'aurais dû mieux expliquer… J'aurais dû prendre le temps de discuter avec cette femme, ou cet homme… Que n'ai-je pas su faire comprendre aux gens ?

Ensuite, je suis rentrée à pied jusqu'à chez moi. Je croisais des gens dans la rue et je me disais :

« Ils ont besoin de prendre une claque pour comprendre qu'il est temps de s'engager. »

À SOS, c'était le défilé dès le lendemain. Une vague de jeunes militants. Ils avaient vraiment peur.

C'étaient des discussions à n'en plus finir. « Comment on va s'en sortir ? Est-ce qu'il va passer au second tour ? Il est passé au premier tour, il peut passer au second. S'il passe, je me taille... »

Chacun ressentait la nécessité de se rassurer. Alors, nous nous sommes jetés comme des fous dans l'organisation des manifs, on découpait des mains « Touche pas à mon pote », des mains « Touche pas à mon 1er Mai », « Touche pas à ma république ». Personne n'a dormi jusqu'au 6 mai. Il y avait trop d'activités, trop de monde, on ne pouvait pas se quitter sans discuter avec tous les gens qui passaient par là. Et c'était vraiment important de se retrouver. SOS Racisme a toujours rassemblé des gens très différents, issus de tous les milieux sociaux, avec des bagages culturels divers. Pour moi, il est frappant de voir qu'il ne règne au sein de l'association aucun communautarisme, au contraire. Artistes et ouvriers, bourgeois et « racaille », de sept à soixante-dix-sept ans, nous sommes une association qui prouve tous les jours que la mixité sociale est possible, que le métissage fonctionne et qu'il est enrichissant. Et à ce moment-là, c'était d'autant plus important de l'affirmer haut et fort.

Pour la manif du 1er Mai, le rendez-vous était à

République. On y était depuis le matin pour installer nos camions. Les syndicats devaient défiler en tête, les associations derrière. Il y avait tellement de monde que des gens ont failli étouffer. On a dû supplier pour qu'ils ouvrent des barrières. On était tellement compressés qu'on soulevait des enfants pour les mettre à l'abri sur nos camions. Des gens s'évanouissaient, il n'y avait plus d'air. Nous sommes restés des heures avant de pouvoir avancer. Le cortège devait partir dans l'avenue qui mène à Bastille ; finalement, les gens ont emprunté tous les embranchements pour aller jusqu'à Nation.

Et moi, je n'ai pas eu de chance. Mon camion n'est pas allé très loin. C'était un camion de location mais, comme il roulait à deux à l'heure depuis le départ, il calait sans arrêt. Il a fini par fumer, tousser et s'arrêter. Et nous sommes restés sur place, mais ce n'était pas tellement grave, on voyait les gens défiler, on dansait, on chantait. Une marée humaine. Qui savait bien que, mélangée, dynamique, elle était plus forte que Le Pen. Ce jour-là, j'étais française à 100 %. Fière comme un coq !

J'ai le sentiment que la prise de conscience politique chez les jeunes a évolué depuis ce printemps électoral. Je pensais beaucoup à mon père durant cette période agitée. Je me souviens de la première fois où j'ai voté. Il avait tenu à m'accompagner lorsque je me suis inscrite sur les listes électorales ; dès le premier scrutin — des régionales —, nous avons épluché ensemble toutes les professions de foi. Lorsque je me suis présentée pour glisser mon bulletin dans l'urne, c'est à lui que je pensais. Ce jour-là, j'ai vraiment voté pour nous deux.

Nous avons toujours beaucoup parlé ensemble du droit de vote aux immigrés. Il l'attend, l'espère depuis longtemps et se désespère régulièrement.

« On ne l'aura jamais !

— Mais si, papa, un jour... Et puis je vote, mes frères et sœurs iront voter un jour... »

J'espère que la France ne décevra pas cette nouvelle génération et qu'elle lui donnera les moyens de s'attacher à la République. J'y tiens, à cette République française. Je tiens à tout ce qu'elle représente en matière de liberté et de laïcité.

Le principe de laïcité est assez difficile à définir. Car c'est une idée ou plutôt un concept très vaste. C'est surtout un concept qui garantit le respect des religions et la liberté individuelle de chacun. Quand on va à l'école, on n'y va pas en tant que musulman, catholique ou juif. À l'école, on est avant tout des enfants de la République. Quand j'étais au lycée, j'avais une amie qui portait le voile. Honnêtement, je ne me suis jamais demandé pourquoi elle avait fait ce choix ; c'est peut-être parce que, justement, elle n'a jamais cherché à faire du prosélytisme. D'ailleurs, dès qu'elle arrivait devant la grille du lycée, elle enlevait son voile. Pour elle c'était un choix individuel qu'elle n'a jamais cherché à imposer à qui que ce soit. Et au lycée, personne ne savait qu'elle portait le voile, à part ses copines qui la fréquentaient à l'extérieur.

Le comportement de ma copine montre bien qu'on peut à la fois vivre sa religion dans le cadre de la vie privée et respecter la neutralité de l'espace public.

Mais cette histoire remonte à sept ou huit ans. Aujourd'hui, les choses sont différentes. On voit de plus en plus apparaître, sur les plateaux de télévision, des femmes qui viennent expliquer que, justement, le principe de laïcité leur permet de porter leur voile dans l'espace public... et que leur interdire serait une brimade. Qu'est-ce qu'il ne faut pas entendre ! Et surtout, quelle hypocrisie !

Pour eux, il ne s'agit pas de défendre la liberté individuelle de pratiquer une religion mais bien, à travers l'école, de poser les premières pierres d'une vision communautariste de la société. Ils s'en défendent ? Qu'ils arrêtent de nous prendre pour des imbéciles ! Qui peut croire qu'on va s'arrêter à l'image de ces petites nanas sympas qui viennent revendiquer le « droit au voile » ? N'importe qui d'un peu sincère sur cette question sait très bien que derrière ces filles, il y a autre chose : des réseaux intégristes.

Cette réalité change le sens même du voile. Certaines femmes le portent à un certain âge soit par tradition, soit parce qu'elles ressentent le besoin, après une longue vie, de se tourner vers la religion. Je peux le concevoir. Mais des gamines de 15, 16 ans ! J'ai eu 15 ans et à cet âge, ce n'est pas de cela dont on rêve. Je ne vois pas ma sœur de 16 ans avec un voile. Elle a envie de sortir, envie de vivre. Au départ, je me disais prudemment : « Attention, ma fille, tu as peut-être une relation particulière avec la religion. » Mais tous ceux avec qui j'en ai discuté ont la même conception que moi la religion, c'est une affaire entre Dieu et toi. Chez les intégristes, plus question de relation individuelle. Le voile n'est plus la promesse qu'une femme fait à Dieu de se consacrer à la religion. Il devient un moyen d'imposer à la femme un statut d'infériorité en même temps qu'il le symbolise.

Communautarisme et soumission de la femme, voilà quels sont les deux piliers de la vision intégriste. Dans beaucoup de pays, les femmes se battent pour avoir le droit de ne pas porter le voile. Elles en meurent tous les jours. En Algérie, combien de femmes se sont fait égorger pour ce combat ? Au Maroc, elles se battent aussi. Et ici, on voudrait nous faire croire que la liberté se mesurerait à la faculté de porter le voile ! La religion, c'est dans ton cœur, chez toi ou à la mosquée, mais sûrement pas en cours de maths ou de français.

Depuis plusieurs mois, cette question du voile à l'école a repris une importance dans le débat public qu'on n'avait plus connue depuis près de dix ans. À tel point qu'à la demande du président de la République, une commission s'est mise en place pour réfléchir à l'opportunité de légiférer sur la question. Comme le débat semble simple ! Il y aurait, d'un côté, ceux qui sont pour la loi et qui se présentent comme les défenseurs de la laïcité et de la République ; d'un autre côté, ceux qui combattent la loi et laisseraient la porte ouverte à toutes les dérives. Pour ma part, je refuse cette vision manichéenne. Et disons les choses clairement : pour certains, la question du voile tombe à point nommé. Le débat sur la loi est un bon moyen de régler ses comptes avec la communauté musulmane. Car franchement, c'est plus « classe » dans les dîners en ville de dire qu'on est pour la loi interdisant le voile, que de dire qu'on n'aime pas les Arabes ! Je ne suis pas dupe de certaines prises de position. Quand j'entends certaines personnes défendre la loi sur l'interdiction du voile au nom du principe de laïcité et expliquer, dans la même conversation, qu'ils soutiennent Jean-Paul II dans sa volonté de voir les références chrétiennes inscrites dans la future constitution européenne, je me dis que la laïcité a bon dos !

Surtout, quelle vision erronée que de croire que le respect de la laïcité serait garanti uniquement par une loi. Car la réalité est beaucoup plus compliquée et ne s'arrête pas à la question de la loi. Pour tout dire, ça me fait doucement sourire quand on parle de la laïcité en la déconnectant de la réalité de la communauté musulmane des quartiers. Le vrai problème n'est pas de se demander s'il faut oui ou non légiférer sur le port du voile. La vraie question est de savoir comment faire pour que ces jeunes se sentent français et qu'il n'y ait pas de repli communautaire.

Et franchement, les responsables politiques semblent bien loin de comprendre cette question. Ce qui me met le plus en colère, c'est qu'ils dénaturent ce débat. Ils reconnaissent qu'il y a un problème mais ne cherchent pas à en comprendre les causes et les conséquences pourtant prévisibles. Et aujourd'hui, si le communautarisme progresse, c'est parce qu'on a nourri des inégalités sociales et qu'on a trop tardé à lutter avec acharnement contre les discriminations. Le communautarisme n'est pas apparu comme ça du jour au lendemain. Comment en est-on arrivé à ce que des jeunes ne se reconnaissent plus dans les couleurs de la France et dans les valeurs de la République et ne se sentent pas bien dans leur peau de Français ? C'est trop facile de dire qu'« il faut légiférer sur la question du voile ». Ça n'est pas la réponse qu'on attend d'un élu. Un élu doit faire vivre les principes républicains tous les jours et partout. Et franchement, dans certains quartiers, on est loin du compte : la République, c'est des beaux discours mais rien de concret. Un exemple ? Les discriminations dans ce pays. Il a fallu que SOS Racisme, pendant plusieurs années, mène une campagne acharnée sur ce thème pour qu'enfin les pouvoirs publics le reprennent à leur compte, dans les discours ! Et encore, uniquement les discriminations minent la République. À partir du moment où les principes « d'égalité, de liberté et de fraternité » ne sont plus que des mots et qu'on ne fait pas l'effort de les faire vivre, alors le modèle républicain perd sa crédibilité. Il n'est plus ce modèle vers lequel tout le monde se tourne. La voie est alors libre pour le communautarisme.

Mais pas de fantasmes. Le communautarisme progresse, cependant l'immense majorité des musulmans vivent dans la laïcité et le respect des autres et ne se reconnaissent pas dans cette histoire de voile à l'école. Nous sommes majoritaires par rapport aux intégristes, alors qu'ils veulent faire croire le contraire. Malheureusement, certains leur ont donné un espace en les considérant comme les représentants des musulmans. C'est comme le Conseil du culte musulman français, au sein duquel ils ont pris une place prépondérante (qu'ils n'ont pourtant pas dans leur communauté). Nicolas Sarkozy n'aurait pas dû se précipiter dans cette histoire. Il leur a fait des concessions et ils ont voulu en prendre plus. Il s'est fait huer au Bourget sur la question du port du foulard sur les pièces d'identité. Mais c'est lui qui leur a laissé croire que tout était possible. C'est lui qui leur a dit : « Je suis là, je vous entends. » Il s'est fait prendre à son propre jeu. Il y a un cadre qui s'appelle la laïcité. Pourquoi vouloir en faire plus ? Pourquoi ces concessions, alors que les musulmans ne se sentent pas représentés par ces gens qui siègent au Conseil du culte ? On ne les aime pas, ces intégristes. Et ce pauvre Dalil Boubekeur au milieu de tout cela, qui ne sait plus quoi faire. Il se dit : « Si je pars, je leur laisse le contrôle et c'est pire que tout. Si je reste, je cautionne. » On a donné trop d'importance à certaines organisations en les faisant siéger dans le Conseil du culte musulman français. Je crois que le contexte international y est pour beaucoup. La montée du terrorisme et celle de l'intégrisme font peur. Il y a des pressions internationales qui font croire à certains politiques que c'est un des moyens de les contenir. On voit ce que ce type de courants intégristes fait ailleurs. Au Maroc ou en Algérie, les intégristes montent. Ils contrôlent les universités. Au Maroc, ils voulaient des plages uniquement réservées aux femmes voilées… il a fallu un décret royal pour empêcher cette ségrégation.

J'en ai marre que des politiques jouent avec le feu avec les organisations qui font la promotion ouverte du communautarisme. On a lu récemment dans la presse que trois ou quatre piscines avaient ouvert spécialement à des heures précises pour les femmes. Et une journaliste est allée à l'entrée d'une de ces piscines voir ce qui s'y passait. Elle a vu arriver des fourgonnettes, conduites par des hommes, amenant leurs femmes, sœurs, filles, cousines ou tantes, uniquement d'origine maghrébine. Les gens qui ont demandé ça prétendent qu'il n'y a pas de discrimination et que la piscine est ouverte à toutes les femmes. L'ennui, c'est qu'on n'y voit pas un seul visage blanc, ni une seule tête sans foulard. Ce n'est pas comme ça qu'on arrivera à la mixité sociale. Les maires ont accepté ça dans le but d'être tranquilles parce qu'ils subissent des pressions et qu'ils ne veulent pas avoir d'ennuis dans leurs quartiers. Ces gens n'ont pas de véritable pouvoir de persuasion ou de menace, mais les maires croient que c'est plus simple. Ils font de fait le choix du communautarisme — mais ils s'en défendent, naturellement — en se disant que c'est plus simple de gérer une population découpée en communautés « gérées » par quelques *leaders*.

Foulards, heures de piscine… ces gens grignotent la république au détriment des musulmans laïcs, majoritaires, mais qu'on ne voit pas beaucoup parce qu'ils vivent leur religion tranquillement dans leur coin. Ils ne sont pas organisés, eux. C'est juste des citoyens dont il faut aller chercher les voix une par une. C'est peut-être plus compliqué, mais c'est ça la république : s'adresser à ces consciences libres.

Il y a une chose dont je suis sûre : le choix des gamines interrogées à la télévision ou à la radio pose problème. On n'invite pas les bonnes personnes, on ne travaille pas assez les sujets, les gens ne s'engueulent pas suffisamment. Le ton est trop conventionnel, consensuel. De la bouillie pour les ânes.

À la télévision, j'aimerais bien voir par exemple un vrai débat sur la sexualité des filles des quartiers. C'est ce qui s'est passé pendant la marche des femmes. Sincèrement, au départ, je pensais que j'avais répondu à toutes mes questions, que je n'avais pas de problème d'identité et que je m'assumais en tant que femme plus ou moins émancipée, plus ou moins libre, qui ne vit plus chez ses parents, est indépendante, paie son loyer... Et puis, au fur et à mesure de cette marche, et des rencontres, j'ai pu discuter autant avec des femmes qu'avec des hommes. Et je me suis rendu compte que je n'avais pas forcément répondu à tout. Je me suis vue en eux comme dans un miroir.

Pendant la marche, je suis devenue une sorte de Mme Sexualité. Pendant les états généraux des femmes des quartiers, un an auparavant, nous avions travaillé avec deux cent cinquante femmes, à la Sorbonne. Il y avait quatre ateliers : un sur la violence, un sur le poids des traditions et de la culture, un sur l'insertion professionnelle et l'accès à l'emploi, enfin un quatrième sur la question de la sexualité. Je me suis retrouvée à animer cet atelier parce que je donnais le sentiment de ne pas avoir de tabous... L'air, mais peut-être pas la chanson. Finalement, je ne suis pas aussi libérée que je peux le prétendre.

Je me suis rendu compte, après les premières généralités, que c'est un sujet que personne n'aborde, que le mythe de la virginité est omniprésent et qu'il fausse les relations entre les hommes et les femmes. Dans les quartiers, les jeunes filles et les jeunes garçons ne se parlent plus. L'affaire risque de faire le tour du quartier, et finalement, on n'apprend plus à se découvrir les uns et les autres. Pas forcément en ce qui concerne la sexualité, mais déjà sur le plan des relations humaines. Pourtant, les collèges sont mixtes ! Tout au long de la marche, des professeurs sont venus nous demander d'animer des débats sur ce sujet, car dans les classes ou pendant les récréations, les jeunes se séparent. D'un côté les garçons, de l'autre les filles. La frontière est marquée. Après la marche, j'ai fait un débat à Rennes avec quatre-vingts collégiens. Dans la salle, ils se sont mis chacun de leur côté. Les filles ne se sont pas du tout exprimées durant les deux heures de débat, et les garçons ont monopolisé la parole. Les jeunes filles ne sont venues nous parler qu'ensuite, parce qu'elles n'osaient pas prendre la parole devant eux. Elles n'abordaient pas la question de la sexualité en tant que telle, c'était trop difficile, mais passaient par des voies dérivées, en parlant par exemple du style vestimentaire : « Pourquoi on ne peut pas porter de jupe sans être traitée de pute ? » Devant cette pudeur, nous n'avons pas insisté sur le fond, mais sur les relations amoureuses. Parce que les amoureux des quartiers ne se tiennent pas par la main : c'est une honte de montrer ses sentiments. On se cache et on souffre.

Nous avons utilisé un slogan pendant la marche : « Dans les quartiers, on crève d'amour. » On pourrait penser que la formule est légère, alors qu'elle est grave. L'amour, la sexualité entre une fille et un garçon, c'est la base des rapports sociaux entre les futurs adultes.

Les jeunes crèvent d'amour à cause des pressions familiales, des règles à respecter à la maison, et du regard du quartier — les on-dit, la fameuse réputation. On en a beaucoup parlé pendant la marche. Et des couples mixtes. C'est une vraie difficulté. C'est difficile de consolider une relation avec quelqu'un qui ne nous ressemble pas, alors qu'on a grandi dans les mêmes valeurs républicaines. Il ne devrait donc pas y avoir de différence mais, même en dehors des pressions familiales, on s'invente une telle barrière soi-même qu'on finit par se regarder avec méfiance.

Ce n'est même pas une question de religion mais de tradition, de coutumes. Les coutumes et la tradition évoluent, on ne devrait pas continuer à vivre comme nos ancêtres. Le contexte est différent pour les nouvelles générations et pourtant on ne progresse pas dans ce domaine. Et même les filles cautionnent cet immobilisme. Pendant cette marche, j'ai réalisé beaucoup de choses, et notamment que l'idée, par exemple, de me marier avec un « Gaulois » n'était pas aussi naturelle pour moi que je le prétendais. En y pensant honnêtement, je sentais une culpabilité naître, liée à l'éducation que j'ai reçue. Et j'ai réalisé aussi que j'avais été odieuse, et d'autres avec moi, vis-à-vis de telle ou telle fille dont la réputation faisait les échos du quartier. Une copine, par exemple, fréquentait un garçon du quartier qu'elle devait vraiment aimer. Il est arrivé à ses fins, parce que quand un garçon veut, il sait s'y prendre. Un vrai lavage de cerveau ! Et sa « première fois » se passe dans une cave. Comment peut-on parler d'amour et de vraie sexualité dans une cave ? Elle était amoureuse, elle lui a cédé, et ce fut tellement décevant ! Elle l'a payé de sa réputation, en plus, et les filles du quartier ne voulaient plus lui parler.

Mais où s'aimer ? Qui a les moyens de se payer une chambre d'hôtel, qui peut amener son amour chez lui ? Les jeunes se retrouvent dans des situations qui faussent complètement la relation amoureuse et sexuelle. Il n'y a plus de beauté, plus de tendresse. Un jeune homme, à Metz, nous a raconté lui aussi son expérience de « première fois ratée dans une cave, qui s'est déroulée lorsqu'il avait vingt ans ; il a réussi à nous en parler, c'est tellement rare ! En effet les garçons dans les quartiers prétendent tous avoir fait l'amour à quinze ans, comme s'il fallait battre un record. Et leurs expressions ne parlent pas d'amour. Ils disent : « Je l'ai chopée », « Je me la suis prise », « Je l'ai niquée », « Je me la suis tirée »... Elles résument leur vision des relations sexuelles. Ils ont honte et pour eux, l'amour devient un exercice barbare.

J'ai entendu des choses incroyables ! Ce garçon à Metz m'expliquait qu'il avait même essayé de faire son éducation sexuelle avec ses copains par l'intermédiaire des films porno sur Canal +. Mais comme les parents n'avaient pas de décodeur, un système D circulait dans le quartier, selon lequel il fallait mettre sa tête dans une passoire pour arriver à décrypter les images !... Un jour, un copain lui a même déclaré, sûr de son fait : « Avec les filles, il ne faut surtout pas te tromper. Il y a quatre endroits : un pour les règles, un pour faire pipi, un pour le reste et un pour niquer... » Le pauvre garçon avait entendu tout et n'importe quoi. Le jour de sa première expérience, il était très amoureux et tremblait de trouille. Il en garde un très mauvais souvenir, et il a mis du temps avant de recommencer. Les garçons jouent les coqs de basse-cour, mais c'est encore plus dur pour eux que pour nous.

Et c'est encore plus dur pour les jeunes filles européennes dans les quartiers, parce qu'elles vivent encore plus sous la pression des garçons. Ils se disent : « Une fille rebeu, j'ai pas le droit d'y toucher, je me rabats sur les filles européennes. »

Ils pensent que la femme est un objet sexuel, qu'elle leur appartient, qu'ils peuvent la prendre n'importe comment, n'importe où, que lorsqu'elle dit non, en fait c'est oui. Les films porno qu'ils se procurent sont d'une extrême violence. Et ils croient que l'amour passe par la violence. C'est ce qui a nourri cette dérive sexuelle qui a mené aujourd'hui à des viols collectifs.

Samira Bellil, qui a fait beaucoup d'étapes de la marche avec nous, est l'une de nos grandes marraines. Elle est dure sur la question des viols collectifs. Mais elle a compris que la haine n'est pas la solution, qu'il faut éduquer ces nouveaux barbares. C'est grave ce qui leur arrive : ils ignorent même que la violence sexuelle est un crime. On ne leur parle pas d'amour. Jamais. Aujourd'hui, si le collège parle de sexualité, c'est pour mettre en garde contre les maladies sexuellement transmissibles, expliquer comment fonctionne l'appareil génital de l'homme et de la femme. C'est important, mais ce n'est pas suffisant. C'est une des grandes revendications que je ne lâcherai pas. Il faut surtout leur parler d'amour, parce que les parents ne le font pas. Il faut des psychologues professionnels. Il faut en parler autant aux garçons qu'aux filles.

Il y a un travail plus spécifique à faire avec les garçons, mais le travail doit être réalisé dans les deux sens. Pourquoi la fille ne serait-elle pas capable d'initier l'homme à la relation amoureuse ? En quoi ce serait choquant ? Je trouve beaucoup plus choquant de vendre n'importe quoi avec une femme nue sur une affiche !

Je finissais ce long discours en forme de livre lorsqu'une mauvaise nouvelle nous est arrivée. J'étais à SOS Racisme, dont je suis maintenant la porte-parole officielle, et c'est à ce titre que cette nouvelle figurera ici, car elle nous a fait pleurer de rage, nous, les « ni putes ni soumises ».

À quoi bon marcher sur les routes de France, si une jeune fille française de dix-neuf ans, majeure, étudiante, ne peut pas être amoureuse d'un étudiant français ?

Elle : sa famille est d'origine algérienne.

Lui : sa famille est d'origine française.

Ils s'aiment depuis deux ans, ils songent à vivre ensemble, et que se passe-t-il ?

Elle : sa famille lui prend son passeport, veut l'emmener de force au bled et la marier là-bas, sans aucun espoir de retour. Elle s'enfuit.

Lui : sa famille la recueille à ses risques et périls. Ses parents à elle la retrouvent et l'enlèvent de force à nouveau.

À SOS Racisme, on ne dort plus pendant des nuits pour lui rendre sa liberté, un passeport, et la cacher ensuite. On ne peut rien faire d'autre.

Les médias sont muets sur le sujet. Affaire de famille.

Alors je m'insurge une fois de plus, je crie aussi fort que possible qu'il faut libérer les quartiers, briser les ghettos, parce que cette révolution prendra tellement de temps qu'il y aura encore beaucoup de Elle et de Lui, beaucoup de jeunes filles soumises malgré elles, beaucoup de jeunes loups barbares dans les quartiers où l'on crève d'amour.

Je suis française, militante, je réclame pour ces

jeunes filles des refuges protégés par la loi française. La République leur doit bien ça.

J'espère que mon père est toujours fier de moi.

Été 2003.

Remerciements

Merci à Malek Boutih d'avoir trouvé les mots pour convaincre mon tendre papa de me laisser poursuivre mon chemin.

Du fond du cœur, merci à Yasmine Oudjebour « Tata Yaya » de m'avoir supportée, écoutée, cajolée… d'être à mes côtés dans les pires comme dans les meilleurs moments.

À Nadia, ma sœur, ma confidente, celle avec qui j'ai partagé les bonheurs et les galères de vie. Nous nous retrouverons toujours.

À ma « p'tite Doude », amie de longue date qui, années après années, est toujours là. Merci.

À « Chouchou », cette femme si courageuse que j'ai découverte pendant la Marche.

À « Big up », Samira, l'une des plus belles rencontres de la Marche.

Merci à Fadela Amara pour cette magnifique marche ; avec Safia, Ingrid, Christelle, Nadia, Farid et Olivier.

Comment ne pas remercier tous mes « potes », Thierry, Arnaud, Mam, Baka, Hermann, Natacha, Michel, Jeremy, Sam, Shé, Naïma, Rachida, Flora, Samia, Georges, Nabila, Gilbert, Mouloud, Amar, Martine, Thibaud, Olivia, Charlotte, Mapie, mes p'tits comités, avec qui j'ai partagé tant de choses à la FIDL et à SOS Racisme, sans oublier Harlem et notre Juju, et tous ceux que je n'ai pas cités.

Merci à Sarah Benichou, Dominique Sopo et Nathalie Fortis, eux aussi « des potes » qui m'ont, entre autres, encouragée à finaliser mon témoignage.

Merci à Marie-Thérèse Cuny, avec qui j'ai passé des moments inoubliables.

Merci à Caroline Sers, Juliette Legros, Béatrice Calderon, Bernard Fixot et Florent Massot.

Enfin et surtout merci à Éric Benzekri et Philippe Robinet. Éric, qui a toujours cru en moi, et qui, une fois encore, a été là, avec brio ! Philippe, pour sa force de persuasion, sa patience et surtout sa présence.

Ce livre, je le dédie à ma famille.

Table

"Leur ennemie"

L'infiltrée
Anonyme

La narratrice, qui pour des raisons de sécurité a préféré rester anonyme, est une jeune femme d'origine juive iraquienne. En 1967, après la guerre des Six jours, son père est arrêté et torturé, accusé d'être un espion à la solde d'Israël. Depuis lors, l'auteur n'a eu de cesse de découvrir quelles étaient les véritables activités de son père. Installée aux États-Unis, elle réussit à infiltrer divers groupes terroristes. Au péril de sa vie, elle va mettre au jour l'une des plus grosses opérations jamais tentée contre les États-Unis...

(Pocket n°12085)

"Victorieux du destin"

Les 3 marches

Patrick Henderickx

À six ans à peine, Patrick Henderickx sait déjà qu'il ne sera pas un enfant comme les autres. Très vite, il est placé dans un foyer où il subit brimades et humiliations. Les dés sont jetés. Plus tard, ce sera la prison. On découvre alors la lente descente aux enfers de cet homme rejeté de tous et qui, ballotté entre le poids de ses souvenirs et son désir de vivre, devra se battre pour reconquérir sa liberté. Aujourd'hui brillant chef d'entreprise, il se bat pour sauver des enfants en difficulté.

(Pocket n°11960)

"La guerre aux diffamateurs"

L'imposture des mots

Yasmina Khadra

Après la parution de *L'écrivain*, où Yasmina Khadra dénonçait l'Algérie de l'intégrisme islamique et des massacres, l'ancien officier s'est retrouvé, par un incroyable retournement de situation, sur le banc des accusés. Le témoin révulsé de la barbarie en devenait un complice honteux, sinon un acteur. Yasmina Khadra s'exile alors en France avec sa famille. Sans aigreur ni amertume, *l'écrivain* s'explique avec humour, face à ses doutes de créateur et à la montée au créneau de ses détracteurs.

(Pocket n°11743)

www.pocket.fr
Le site qui se lit comme un bon livre
Informer
Toute l'actualité de Pocket, les dernières parutions collection par collection, les auteurs, des articles, des interviews, des exclusivités.
Découvrir
Des 1ers chapitres et extraits à lire.
Choisissez vos livres selon vos envies :
thriller, policier, roman, terroir, science-fiction...
POCKET
Il y a toujours un Pocket à découvrir sur www.pocket.fr

Achevé d'imprimer sur les presses de

BUSSIÈRE

GROUPE CPI

à Saint-Amand-Montrond (Cher)
en octobre 2004

POCKET - 12, avenue d'Italie - 75627 Paris Cedex 13
Tél. : 01-44-16-05-00

— N° d'imp. : 44899. —
Dépôt légal : avril 2004.
Suite du premier tirage : octobre 2004.

Imprimé en France

[illegible] - 12, avenue d'Italie - 75627 Paris Cedex 13
[illegible]

[illegible]
[illegible]
[illegible]

[illegible]